Fabian Brand (Hg.)

»Im Garten der Zeit
wächst die Blume des Trostes«

Fabian Brand (Hg.)

»Im Garten der Zeit wächst die Blume des Trostes«

Texte für alle Anlässe der Trauerpastoral

HERDER

FREIBURG · BASEL · WIEN

Zum Herausgeber:
Fabian Brand, geb. 1991, studierte katholische Theologie in Würzburg und
Jerusalem, derzeit Promotionsstudium im Fach Dogmatik in Würzburg.
Er ist regelmäßig als Autor theologischer Veröffentlichungen tätig.

MIX
Papier aus verantwor-
tungsvollen Quellen
FSC® C083411

© Verlag Herder GmbH, Freiburg im Breisgau 2018
Alle Rechte vorbehalten
www.herder.de

Covergestaltung: wunderlichundweigand
Coverbild und Innenseiten: © Fotolia, Fuet
Satz: Barbara Herrmann, Freiburg
Herstellung: CPI books GmbH, Leck

Printed in Germany

ISBN 978-3-451-38880-4

Inhalt

Vorwort

> Wir erwarten die Auferstehung der Toten
> und das Leben der kommenden Welt.
> *Glaubensbekenntnis von Nizäa-Konstantinopel*

Wenn ein Mensch stirbt, ist es schwer, Worte zu finden. Die »richtigen Worte« gibt es in solchen Situationen sowieso nicht. Man kann nur versuchen, das, wovor einem die Stimme versagt, in Sprache zu fassen. Das allerdings ist ein prekäres Unterfangen, das immer Scheitern kann und das wahrscheinlich nur in den seltensten Fällen wirklich gelingt.

Worte finden müssen in dieser Situation die Angehörigen und die, die sich mit dem Tod eines lieben Menschen auseinandersetzen müssen. Sie sind gefordert, sich ihrer eigenen Gefühle bewusst zu werden. Sie müssen sich aber auch einem neuen Zustand stellen, der es nicht leicht macht, ohne Veränderungen wieder in den Alltag zurückzukehren. Diese Gefühle und Gedanken sind vielfältig und unterschiedlich. Wenn die Worte fehlen, um das eigene Empfinden auszudrücken, tut es gut, sich eine fremde Sprache anzueignen, um mit deren Worten den eigenen Schmerz nach außen zu tragen.

Worte finden müssen immer wieder auch pastorale Mitarbeiter, die in ihren vielfältigen Aufgaben sehr häufig mit dem Tod von Menschen konfrontiert sind. Das Dasein am Sterbebett, das Zusammentreffen mit den Angehörigen zum Trauergespräch, die Trauerfeier und die Beisetzung, die Begleitung der Trauernden: All das verlangt nach einer sensiblen und einfühlsamen Sprache. Selten haben die in der Pastoral Tätigen genügend Zeit, um passende Texte auszusuchen, die sowohl den Trauernden Trost spenden, als auch Ausdruck unserer christlichen Hoffnung sind. Wenn die Arbeit mit Trauernden zum »Tagesgeschäft« wird, kann man schnell dazu neigen, die Individualität jedes Sterbefalls aus den Augen zu verlieren. Umso wichtiger scheint es, sich auf jeden Todesfall neu einzulassen und für jede Familie die Sprache zu finden, die in ihrer ganz konkreten Situation gerade angemessen erscheint.

Die hier vorliegende Anthologie bietet eine Sammlung ganz unterschiedlicher Texte, die im Zusammenhang mit Tod und Trauer stehen. Es sind Texte von zeitgenössischen und bekannten Autoren, die aus ihrer eigenen Erfahrung als Seelsorger über den Tod und die Trauer schreiben. Es sind Texte aus der Tradition der Kirche, Deutungen des eigenen Sterbens im Kontext des christlichen Glaubens an die Auferstehung von den Toten. Es sind Texte aus der Bibel, die unser eigenes Leben aus der Beziehung zum lebendigen Gott verstehen und das je größere Vertrauen auf Gottes barmherzige Liebe zum Ausdruck bringen. Es sind Texte, die versuchen, das Unsagbare ins Wort zu bringen, die helfen wollen, angesichts des Todes sprachfähig zu werden und Trauernden Hoffnung zuzusagen.

Die Texte, die ich ausgewählt habe, sollten nicht unbedacht verwendet werden. Es ist nötig, die Texte selbst vor ihrem Einsatz zu betrachten, sich selbst mit ihnen auseinanderzusetzen. Vielleicht muss man manchmal gar nicht einen ganzen Textabschnitt verwenden, sondern es genügt ein kurzes Zitat oder ein Gedanke, den man selbst auf die jeweilige Situation hin weiterführt. Vielleicht ist es manchmal hilfreich, Texte aus diesem Buch den Angehörigen mit auf den Weg zu geben. Sie zu motivieren, sich doch den ein oder andren Gebetstext zu eigen zu machen und so langsam aus der Sprachlosigkeit wieder hin zu einer Sprache zu finden, welche die eigenen Gefühle und Gedanken ins Wort bringt. Die Textauswahl kann die eigene Beschäftigung mit dem Tod und der Trauer nicht ersetzen. Sie ist höchstens eine Erleichterung für das Gespräch mit Hinterbliebenen, für Trauer- und Gedenkgottesdienste, für Abschiedsfeiern in Gemeinden, Krankenhäusern und Hospizen.

Wenn wir als Christen von einem Menschen Abschied nehmen, dann ist das kein endgültiger Abschied. Denn als Christen sind wir getragen von der Hoffnung, dass mit dem Tod ein neues Leben beginnt, dass wir eingehen dürfen in Gottes Herrlichkeit und ihn schauen von Angesicht zu Angesicht. Christliches Sterben ist deshalb kein hoffnungsloses Sterben. Es ist getragen von der Zuversicht, dass Christus uns Anteil an seiner Auferstehung schenkt, dass er uns zur Vollendung führt, dass sein Himmel auch unser Himmel wird. Das ist der Glaube, der uns durch dieses Leben trägt und der am Grab eine entscheidende Konkretheit erlangt. Im Schein der brennenden Osterkerze nehmen wir Abschied von einem Menschen – im festen Glauben an Christus, der von den Toten auferstanden ist.

Lichtenfels, in der österlichen Bußzeit 2018   *Fabian Brand*

I.
Texte zeitgenössischer Autoren zum Tod und zur Trauer

Der Tod tritt plötzlich ins Leben ein. Mit einem Mal ist nichts mehr, wie es vorher war. Wir sind traurig und geschockt. Sprachlos stehen wir dem unabwendbaren Schicksal eines jeden Lebens gegenüber. Wir müssen aber auch um Worte ringen, wenn wir Menschen in ihrer Trauer trösten wollen. Vor dem Tod versagt die Stimme.

Doch nicht immer muss man auch Sprechen, wenn man mit Trauernden zusammen ist. Oft reicht es, zuzuhören, einfach nur da zu sein. Manchmal muss man miteinander schweigen oder zusammen weinen.

Zahlreiche zeitgenössische christliche Autoren haben sich mit dem Thema Tod und Trauer auseinandergesetzt. Sie sind eine Hilfe für Trauernde, sich ihrer eigenen Gefühle bewusst zu werden und den Schmerz ihrer Trauer in Worte zu fassen. Die Texte eigenen sich aber auch für Menschen, die trösten und Trauernden beistehen wollen.

Ohne Worte verstehst Du mich

Vor Dir sein.
Aber nicht mit Worten
den Schmerz berühren –
nicht jetzt, mein Gott.
Was mich zu Dir treibt,
weißt Du.
Mein Schweigen
redet
zu Dir.

Antje Sabine Naegeli

In seine Arme genommen

es gab den Punkt
an dem sie nicht mehr wollte
nicht mehr konnte

und da hat sie losgelassen
hat sich in seine Arme gegeben
– und wusste wer sie beerdigt

sie ging durch den Tod
mitten ins Leben hinein
das Grab ist leer

sie starb entschieden
kurz schmerzlos
entschlossen ergeben

und hatte dabei
eine Träne
im Auge

der Abschied
fiel ihr
nicht leicht

sie weinte um das
was sie
zurückließ

und sehnte
sich doch
nach dem was nicht war

seit dieser heiligen Stunde
weiß ich dass Auferstehung
kein Happy Halleluja ist

sondern
dass Auferstehung
auch Abschied und Anfang bedeutet

und dass es
bei aller Auferstehung
diese Träne geben darf

Andrea Schwarz

Wie soll ich dich trösten?

Wie soll ich dich trösten?
Ich habe keinen lieben Menschen verloren wie du.
Die Trauer hat mich nicht im Griff wie dich.

Aber ich kenne Trauer
um einen lieben Menschen.
Ich weiß, wie sie sich einnisten kann
in mein Herz,
wie sie mich ganz in Beschlag nehmen kann.
Da hilft kein tröstendes Wort.
Es erreicht das Herz nicht.

Lass deine Trauer zu.
Lass deine Tränen zu!
Sie reinigen das Herz.
Sie befreien dich von dem Kloß im Hals.
Sie sind Ausdruck deiner Liebe für den Toten.

Anselm Grün

Der Verlust tut weh

Du hast einen Menschen verloren, den du liebst.
Wer immer es ist, Partner oder Partnerin,
ein Elternteil oder gar ein Kind,
es tut weh.
Vielleicht ist es völlig überraschend gekommen,
vielleicht konntest du dich ein wenig vorbereiten.
Aber selbst dann war es plötzlich.
Du hast schon vieles geregelt und bewältigt.
Jetzt stehst du da und spürst:
Es ist anders als vorher.
Deine Gedanken kreisen in ungewohnten Bahnen.
Mitmenschen tun so, als würde dir etwas fehlen.
Natürlich fehlt dir der geliebte Mensch,
aber dennoch bist du lebendig und stark.
Nur ist dein Leben anders als vorher.
Es ist eine Wunde da
und du entwickelst Kräfte der Heilung.
Es ist ein Verlust da,
aber in dir wächst Anderes, Neues.

Texte zeitgenössischer Autoren zum Tod und zur Trauer

Du magst dich auch manchmal kraftlos fühlen,
manchmal denken, du schaffst es nicht,
das ist verständlich.
Die Schritte, die von dir verlangt werden, sind herb.
Die notwendigen Veränderungen schwer.
Aber du bist in deiner Trauer lebendig,
ja, du bist eine Überlebenskünstlerin,
ein Überlebenskünstler,
selbst wenn du dich zuweilen nicht so fühlst.
Du kommst zurecht, irgendwie,
wenn auch anders als gewohnt.
Auf welche Art fühlst du deine Kraft?
Manche spüren sie als Trotz und leben im Dennoch:
»Ich lasse mich nicht unterkriegen«, sagen sie.
Manche spüren sie als Wut:
»Ungerecht, warum muss das gerade uns passieren?«
Manche spüren ihre Kraft als Liebe zum Leben.
Ihre Energie bringt sie in Bewegung
  Detlef Wendler

Der Tod begegnet dir ganz nah

Du bist konfrontiert mit dem Tod. Es trifft dich ganz persönlich. Obwohl wir alle um unsere Endlichkeit wissen, fällt die ganz konkrete Auseinandersetzung mit dem Sterben wie eine unerwartete Wirklichkeit in dein Leben ein. Sei es die Konfrontation mit dem eigenen Sterben oder dem Sterben eines dir nahestehenden Menschen: Du kannst es nicht fassen.

Ein großes Erschrecken breitet sich unerwartet-gewaltvoll in deinem Leben aus. Wie die Geburt eines Kindes von einer Sekunde auf die andere das ganze Leben mit all seinen Gewohnheiten verändert, so bringt die Ankündigung des Todes dein Leben völlig durcheinander. Du nimmst all die vielen alltäglichen Erfahrungen ganz anders wahr. Die Sterblichkeit unseres Lebens, die uns eigentlich immer präsent ist in Filmen, in Nachrichten, in Romanen, in Todesanzeigen der Zeitung und in der Natur, bekommt nun ein konkretes Gesicht. Sei nicht überrascht, wenn eine Fülle von ganz widersprüchlichen Gefühlen dich einholt und nachts deine Träume intensiver und bedrohlicher werden und morgens dein Erwachen voller Schwere sein kann.

Versuche, diese Grenzerfahrungen anzuschauen, ohne sie zu bewerten. Sei nicht erstaunt, wenn du angesichts des Sterbens intensivstes Leben erfahren wirst: welch ein Paradox!

Jedes Mal, wenn ich wieder ganz konkret mit dem Tod konfrontiert bin, kommen mir Worte eines französischen Philosophen in den Sinn. Als Jugendlicher habe ich sie über meinem Bett aufgehängt. Gabriel Marcel sagt: »Einen Menschen lieben heißt ihm sagen: Du wirst nicht sterben.« Diese Worte nähren meine Sehnsucht bis heute. Es ist meine verrückte Hoffnung, auch im Sterbeprozess aufgehoben zu sein. Die Liebe ist jene Urkraft des Lebens, die den Schmerz über den Tod verstärkt und zugleich jene tiefere Verbundenheit erahnen lässt, die für immer bleibt.

»Du wirst nicht sterben« – das sind jene Worte, die mir paradoxerweise helfen, den Tod nicht zu verdrängen. Natürlich wirst du sterben, so wie ich auch sterben werde. Mit Wohlwollen alle Gefühle wie Entsetzen, Angst, Vertrauen, Revolte, Trauer, Hoffnung, Zorn wahrzunehmen, lässt dich jene Liebe erfahren, die dem Tod in die Augen schauen kann, weil dahinter die Kraft der Ewigkeit spürbar wird.

Pierre Stutz

Der Tod trifft dich
mitten in deine Existenz
du bist verunsichert
und voller widersprüchlicher Gefühle

Das Sterben eines geliebten Menschen
stellt dich und das ganze Leben in Frage
du wirst zerbrechlich
und voller bedrohlicher Gedanken

All die gemeinsamen Erfahrungen sterben mit –
eure zärtlichen Zuwendungen
eure wohlwollende Konfliktbereitschaft
euer herzhaftes Lachen
eure Zeiten des gegenseitigen Nicht-Verstehens

Begib dich hinein in diesen Sterbeprozess
erahne wie viele gemeinsame Erfahrungen
in dir weiterleben – mehr noch
dich auf jene tiefere Verbundenheit verweisen
die von der Kraft der Ewigkeit erzählt
    Pierre Stutz

Sich auflehnen
gegen das eigene Sterben
Angst und Empörung spüren
freier Fall ins Dunkle

Sich anfreunden
mit dem eigenen Tod
ihm die Liebe gegenüberstellen
die stärker ist als der Abschied

Sich Zeit lassen
Schritt für Schritt
ins Urvertrauen hineinwachsen
im Fallen aufgehoben zu sein
    Pierre Stutz

Texte zeitgenössischer Autoren zum Tod und zur Trauer

Abschied tut weh

Von den Toten sagen wir, dass sie verschieden sind. Die Verschiedenen verabschieden sich von uns. Wir müssen Abschied von ihnen nehmen. Der Abschied scheint endgültig zu sein. Kein Wiedersehen. Kein Hören ihrer ureigenen Stimme. Kein Umarmen mehr. Der Abschied schneidet uns auseinander. Er spaltet unser Herz. Und doch kommen wird nicht um den Abschied herum. Es hilft nicht, den Abschied zu verdrängen. Nur wer Abschied nimmt, kann neu anfangen.

Anselm Grün

Allein

Der Abschied lässt mich alleine zurück. Ich fühle mich einsam. Keiner versteht mich. Keiner geht mit mir in meiner Trauer. Die Bekannten machen einen Bogen um mich. Sie meiden mich. Sie wissen nicht, was sie mit mir reden sollen. Ich will meine Trauer teilen. Aber es ist keiner da, der sie sich anhört. Sie wollen den Todesfall möglichst schnell hinter sich bringen. Sie wollen sich nicht verunsichern lassen. So bin ich allein mit mir. Ich leide an meiner Einsamkeit. Doch ich hoffe, dass die Einsamkeit mich eins werden lässt mit mir und mit dem Verstorbenen, dass in der Einsamkeit eine neue Nähe entsteht, dass ich mir nahe bin, dass die Verstorbene mir nahe ist, dass in ihr Gott mir nahekommt.

Anselm Grün

Zur Trauer stehen

Trauen Sie sich, zu Ihrer Trauer zu stehen. Trauen Sie sich, sich mit Ihrer Trauer Ihrer Umgebung zuzumuten. Sagen Sie, wie es Ihnen geht. Sagen Sie, welche Wünsche Sie an Ihre Freunde und Freundinnen haben. Erzählen Sie Ihren Bekannten von dem geliebten Menschen, den Sie verloren haben. Wenn Ihre Bekannten nicht wissen, wie sie reagieren sollen, wenn sie Oberflächliches daherreden, nehmen Sie es nicht persönlich. Es ist nur ihre Hilflosigkeit. Aber erzählen Sie trotzdem weiter. Es tut Ihren Bekannten gut, sich Ihrer Trauer zu stellen, sich mit dem eigenen Tod zu befassen, sich der eigenen Wahrheit zu stellen. Vielleicht wächst im Erzählen das Verstehen. Vielleicht entsteht so eine neue Beziehung, eine Beziehung, in der Sie so sein dürfen, wie Sie sind.

Anselm Grün

Du weinst,
weil ich gestorben bin?
Das tut mir leid.
Mein Tod, der einmal kommen musste,
sollte dir nicht weh tun.
Wie gerne hätte ich dir diesen,
hätte ich dir
jeden Schmerz erspart.

Vergib mir,
dass ich nun gestorben bin,
und lass das Dunkel
dieser Zeit nicht stärker sein
als dieses wunderschöne Licht,
das unser Leben für so viele Jahre
hell und gut erleuchtet hat.

Du musst es nun
für mich ertragen,
dass ich mich schon auf
diesen Weg begeben habe.
Ich danke dir dafür.
Ich weiß nicht,
ob ich diesen Schmerz ertragen hätte,
den ich dir nun durch meinen Tod bereitet habe.

Vergib mir
und bewahre mich in deinem Herzen,
und lass den Schmerz nicht größer sein
als alles Gute,
das uns durch ein Leben hin begleitet hat.
Ich bin ja angekommen.
Ich bin bei Gott.
Und eines Tages werden
wir in seiner Liebe und in seinem Leben
eine neue Schöpfung sein.

Detlef Kuhn/Jürgen Kuhn

Texte zeitgenössischer Autoren zum Tod und zur Trauer

Nur geborgt

Was wir besitzen,
ist nur geborgt:
worin wir wohnen,
was wir haben,
wer wir sind.

Die wir lieben,
sind nur geborgt.
Wann sie gehen,
entscheiden wir nicht.

Wir entscheiden,
ob wir die Erinnerung
als Geschenk annehmen wollen.

Renate Salzbrenner

Texte zeitgenössischer Autoren zum Tod und zur Trauer

Ich habe alles mitbekommen,
was du gesagt hast,
deine Tränen,
deine liebevollen Worte,
als ich schon fast gegangen war
und nur noch da lag,
still, in tiefer Ruhe.

Ich habe alles mitbekommen.
Es war so tröstlich,
dass du da warst.
Es war so gut, so friedvoll,
und ich war in deiner Nähe
zuverlässig aufgehoben.

Ich habe alles mitbekommen.
Das musst du wissen.
Denn meine Stimme
war schon eingeschlafen.
Aber der wunderschöne
Klang, den deine Worte
zärtlich zu mir sandten,
durchströmte mich
so warm und klar.

Ich habe wirklich alles mitbekommen,
viel mehr als du
in diesen Stunden ahnen konntest.
Es wird für immer ein Geheimnis bleiben,
doch deine Gegenwart
und die Berührung deiner Hand,
dein Streicheln über meine Stirn,
der Nimbus deiner Liebe,
das alles habe ich
so deutlich mitbekommen
und tief verbunden mit dir angenommen.
Ich danke dir für diese große Zeit.   *Detlef Kuhn/Jürgen Kuhn*

Trauer bei Suizid

Die Trauer beim Suizid des Ehepartners, eines Elternteiles oder eines Kindes ist besonders belastet. Man steht fassungslos vor diesem Tod. Man versteht ihn nicht, und spürt vielleicht doch die Aggression oder einen Vorwurf: Du hast mich nicht verstanden. Und so taucht mit der Trauer auch Ärger auf. Und es kommen gleichzeitig starke Schuldgefühle hoch: Warum habe ich nicht gemerkt, wie es ihm geht? Was habe ich versäumt? Bei manchen werden diese Schuldgefühle unerträglich. Sie fühlen sich schuldig am Tod des anderen und fragen sich: Habe ich ihn in den Tod getrieben? Manchmal überwiegen die Aggressionen die Schuldgefühle. Eine Frau, deren Mann nach einer erfolgreichen Karriere sich selbst erschossen hatte, war so voller Wut, dass sie nur auf ihren Mann geschimpft und die Trauer verweigert hat. Die Leute waren entsetzt und warfen ihr vor, sie müsse doch trauern. Doch wir sollen ihre Reaktion nicht bewerten. Vielleicht war die Aggression für sie heilsam, sich von ihrem Mann innerlich zu lösen. Irgendwann wird auch Aggression dann in eine Trauer münden. Aber jeder Trauerprozess verläuft anders. Und wir sollen das respektieren, ohne Normen aufzustellen.

Oft fühlen sich die Hinterbliebenen unfähig, mit anderen über den Suizid des Verwandten zu sprechen. Am liebsten möchte man ihn verheimlichen und den Suizid als Unfall verschleiern. Aber dabei fühlt man sich auch nicht gut. Das Verheimlichen belastet einen noch mehr. Und man spürt bei den Verwandten, dass sie nur hinter vorgehaltener Hand über den Suizid sprechen, aber einen selbst nicht offen ansprechen. Gerade Menschen, die vom Suizid eines nahen Verwandten betroffen sind, brauchen Begleiter, die mit ihnen gehen, die ihre Trauer aushalten. Ihnen können sie alles sagen, ohne sich bewertet zu fühlen. Indem sie ihre eigenen Selbstbeschuldigungen aussprechen, können sich die Schuldgefühle langsam auflösen, vor allem dann, wenn der Begleiter damit behutsam umgeht. Er soll die Schuldgefühle nicht entwerten, sondern sie ernst nehmen und sie zugleich relativieren. Und er soll das ganze Geschehen gemeinsam mit dem Trauernden in Gottes Barmherzigkeit hineinhalten. Im Gespräch mit dem Begleiter geht die Frage immer wieder darum, warum der Sohn oder die Tochter sich das Leben genommen haben. Manchmal sind die Motive nachvollziehbar: Da hat sich der Freund der Tochter das Leben genommen, weil die sich von ihm getrennt hat. Die Umgebung des Freundes hat dann der Tochter die Schuld am Tod ihres Freundes zugeschoben. Das hat sie wiederum nicht ausgehalten und sich vier Wochen später das Leben genommen, auf die gleiche Weise wie ihr Freund. Aber oft ist eine solche Tat absolut unverständlich. Da hat etwa ein junger Mann mit seinen Freunden noch ein Fest gefeiert. Er war in guter Stimmung. Er war überall beliebt, bei der Feuerwehr engagiert, im Dorf anerkannt. Doch nach der Feier erhängt er sich. Am nächsten Morgen wird er gefunden. Weder die Freunde noch die Eltern können sich erklären, warum sich der Sohn erhängt hat. Es bleibt ein Rätsel. Und das belastet die Trauer. Da wäre es wichtig, all die Überlegungen und Spekulationen, warum er sich umgebracht hat, loszulassen und einfach nur den Tod und den Verlust des Sohnes zu betrauern. Man muss das Geheimnis des Todes einfach stehen lassen, ohne es je ganz begreifen zu können.

Anselm Grün

Mein Kind

Du hast Dich selbst getötet
sag, gibt es eine Schuld?
War ich zu streng zu Dir
war ich zu gut zu Dir
wusste ich zu wenig von Dir?
War es zu weich in Dir
war es zu wund in Dir
war es zu einsam in Dir?
Oder war es die Welt
die Du ändern wolltest
und nicht konntest?
Waren die Menschen
zu rau für Dich
zu glatt für Dich
zu unerreichbar für Dich?
War es der Geist dieser Welt
verlangte er zu viel von Dir
gabst Du ihm alles dafür?
Wer trägt die Schuld?

Ilse Karsch

Zu deinem Gedenken

Ich habe dir
nicht oft genug gezeigt,
dass ich dich liebe.
Nun schreie, sage,
flüstere und bete
ich es, als könne
meine Liebe auf
Lichtflügeln
dich erreichen.

Ich lasse sie dir
hinterherfliegen
und ahne, dass sie
ohne wärmende Hände
einem gestutzten Vogel
gleicht.

In leisen Minuten
höre ich deine Antwort:
Verteile sie an die
Lebenden
in meinem Gedenken!

Renate Salzbrenner

Die Brücke der Trauer

Lange stand ich vor der schmalen Holzbrücke,
die sich im stillen Gewässer spiegelte.
Es war eine Brücke zum Hin- und Hergehen,
hinüber und herüber.
Ich blieb stehen und dachte über das Gehen nach
und darüber, wie sich im Wasser der eine Weg
zu einem doppelten spiegelte.

Auch die Trauer ist ein Gang hinüber und herüber.
Hinüber, dorthin, wohin der andere ging.
Und zurück, dorthin, wo man mit ihm war
in der Zeit des gemeinsamen Lebens.

Und dieses Hin- und Hergehen ist wichtig.
Denn da ist etwas abgerissen.
Die Erinnerung fügt es zusammen, immer wieder.
Da ist etwas verloren gegangen.
Die Erinnerung sucht es auf und bringt es zurück.
Da ist etwas von einem selbst weggegangen.
Man braucht es und geht ihm also nach.
Man muss es bewahren, um weiter zu leben.

Man muss das Land der Vergangenheit erwandern,
hin und her,
bis einmal der Gang über die Brücke
auf einen neuen Weg führt.
Jörg Zink

So wie die Kerzen verbrennen und schmelzen,
um Licht und Wärme beim Abschied
von Verstorbenen zu spenden,

so soll dein Herz nicht zwecklos im Feuer des
Schmerzes schmelzen und verbrennen,
sondern in den Flammen der Liebe
und im Hoffnungslicht glühen –

René Juan Trossero

Aus Liebe will ich weiterleben

Aus Liebe will ich weiterleben.
Mit meinen Ohren will ich für dich hören,
mit meinen Augen will ich für dich sehen,
mit meinen Händen will ich für dich tasten,
und meine Zunge, die soll schmecken
all die Süße, all das Herbe,
erleben möcht' ich
die ganze Vielfalt dieser Schöpfung.

Aus Liebe will ich weiterleben,
aus Liebe will ich für uns hoffen,
aus Liebe will ich auch den Schmerz ertragen.
    Quelle unbekannt

Hoffnung

Nein
ich bin meiner Sache nicht sicher
was das Ende betrifft
das Sterben das Grab das Vergehn
und den unaufhaltsamen Tod
der mich aufzehren wird
und austilgt für immer
daran ist kein Zweifel

Und doch bin ich manchmal nicht sicher
und zweifle am Augenschein
und denke nach
ob nicht doch etwas bleibt
von dem was ich war ob nicht doch
im grauen Geröll in dem Staub
in dem Tod eine Spur sich
unvergessen erhält
ob nicht doch einer ist
der mich ruft mit Namen vielleicht
der mir sagt dass ich bin
dass ich sein soll für immer
und leben werde mit ihm

Nein
ich bin mir meiner Sache nicht sicher
was das Ende betrifft und den Tod
gegen den Augenschein
hoff ich auf Ihn
Lothar Zenetti

solidarität
des
kreuzes

du kommst
in mein leben
herein

du gehst
meine wege
mit

du nimmst
meine kreuze
auf dich

du für mich
wie so groß
ist die liebe*

ich lasse dich
in mein leben
hereinkommen

ich gehe dir
auf deinen wegen
nach

ich stehe
vor dem kreuz
deiner liebe zu mir

ich vor dir
auf den spuren
der liebe

Die Geschichte wird weitergehen – das Leben geht weiter. Es hört nicht mit Karfreitag auf. Nicht im liturgischen Kalender – und nicht in meinem Leben. Karfreitag und Ostern gehören zusammen. Und ich fürchte, wer den Karfreitag nicht erleben will und mag, weil er nicht in Stimmung dafür ist, weil er ihm grad nicht in den Kram passt, der wird auch Ostern nicht so erleben. Denn wenn ich das Dunkel des Karfreitags wegnehme, wird Ostern ein bisschen weniger leuchten.

Andrea Schwarz

---

* Nach einem Lied von Kathi Stimmer-Salzeder

Texte zeitgenössischer Autoren zum Tod und zur Trauer

Österlicher Friedhof

Keiner Stunde Verkündung
Wagt zu sagen: ich bin,
Sind doch im Garten der Gräber
Abend und Morgen dahin.

Kaum die Jahre bedürfen,
Dass man ihr Wandeln benennt,
Keiner der Schläfer da unten
Sommer und Winter erkennt.

Blumen nur bringen beständig
Leiseste Botschaft ans Licht –
Bis die Posaune des Engels
Stille und Sterben zerbricht.

Albrecht Goes

Diese drei Tage

Diese drei Tage
Vom Tod bis zum Grabe
Wie frei werd ich sein
Hierhin und dorthin schweifen
Zu den alten Orten der Freude

Auch zu euch
Ja auch zu euch
Merkt auf
Wenn die Vorhänge wehn
Ohne Windstoß
Wenn der Verkehrslärm abstirbt
Mitten am Tage
Horcht

Mit einer Stimme die nicht meine ist
Nicht diese gewohnte
Buchstabiere ich euch
Ein neues Alphabet

In den spiegelnden Scheiben
Lasse ich euch erscheinen
Vexierbilder
Alte Rätsel
Wo ist der Kapitän?
Wo sind die Toten?
Dieser Frage
Hingen wir lange nach

Zur Beerdigung meiner
Wünsche ich mir das Tedeum
Tedeum laudamus
Den Freudengesang
Unpassender-
Passenderweise

Denn ein Totenbett
Ist ein Totenbett mehr nicht
Einen Freudensprung
Will ich tun am Ende
Hinab hinauf
Leicht wie der Geist der Rose

Behaltet im Ohr
Die Brandung
Irgendeine
Mediterrane
Die Felsenufer
Jauchzend und donnernd
Hinab
Hinauf.

Marie Luise Kaschnitz

Der Umgang mit Abschied, Sterben, mit Tod und mit Toten lässt Menschen mit einer Macht begegnen, die ihnen über den Kopf und die Seele wächst. Sie suchen Rat, suchen Begleitung, suchen Riten und Gesten. Selbst das hilflos abgeschriebene »Von Beileidskundgebungen am Grab bitten wir Abstand zu nehmen« ist ein armseliger Schrei.

Die Menschen heute teilen diese Erfahrung mit den Menschen aller Zeiten. Wenn wir es richtig deuten, was in alten Gräberfunden sämtlicher Kulturen zu finden ist, was in den am weitesten abgelegenen Schubladen der menschlichen Geschichte ans Tageslicht kommt – es ist Religion. Es ist der Versuch, auf je eigene Weise einen Schlüssel zu dem Geheimnis zu finden, das die Sterne und mein Leben, die Jahreszeiten und mein Sterben, die Sonne, den Fisch, den Grashalm, die Geburt meiner Kinder, die Erdbeben, die Lächerlichkeit meiner Fehler und die Liebe zweier Menschen verbindet. Seit es Menschen gibt, suchen sie zumindest nach einem Netz, das sie hält – und sei es geflochten aus puren Hoffnungen.

Die Menschen aller Kulturen sind überzeugt, Priester, Angehörige geistlicher Berufe könnten ihnen in dieser Not wesentlich helfen. Hätten Kompetenz für die Antwort auf die wesentlichen Sinnfragen des Lebens.

Die Menschen »nehmen wahr«: Angehörige geistlicher Berufe reden am Grab von Auferstehung und von Ewigkeit, von Heimat und Frieden, von Gottes Macht und Jesu Auferweckung. Wir wecken Erwartungen.

Gerhard Engelsberger

Ihr fragt wie ist die Auferstehung der Toten?

ihr fragt
wie ist
die auferstehung der toten?
  ich weiß es nicht

ihr fragt
wann ist
die auferstehung der toten?
  ich weiß es nicht

ihr fragt
gibts
eine auferstehung der toten?
  ich weiß es nicht

ihr fragt
gibts
keine auferstehung der toten?
  ich weiß es nicht

ich weiß
nur
wonach ihr nicht fragt:
  die auferstehung derer die leben

ich weiß
nur
wozu Er uns ruft:
  zur auferstehung heute und jetzt
  Kurt Marti

Vorübungen für ein Wunder

Vor dem leeren Baugrund
mit geschlossenen Augen warten
bis das alte Haus
wieder dasteht und offen ist

Die stillstehende Uhr
so lange ansehen
bis der Sekundenzeiger
sich wieder bewegt

An dich denken
bis die Liebe
zu dir
wieder glücklich sein darf

Das Wiedererwecken
von Toten
ist dann
ganz einfach
Erich Fried

Ostern

Vier freie Tage. Was reden sie
von Karfreitag und Kreuzigung
und dass einer auferstanden ist.
Auf den Autobahnen staut der Verkehr.

Übliche Unfälle, was reden sie
von Karfreitag und Kreuzigung?
Für die Ostertoten steht die Versicherung ein.
Was soll's, normale Opfer.

Und da sagt einer, wir verstehen ihn nicht,
er ist für die Menschen gestorben,
wie ein Verbrecher ans Kreuz geschlagen.
Richtig, sagen alle, wir verstehen das nicht.

Es geht uns nichts an, sagen sie, sagst du,
wahrscheinlich ein Spinner, aber wir
haben vier freie Tage vor uns.
Die Radio- und Fernsehprogramme spielen noch Ostern.

Ingeborg Drewitz

Texte zeitgenössischer Autoren zum Tod und zur Trauer

Ein Leben nach dem Tode

Glauben Sie fragte man mich
An ein Leben nach dem Tode
Und ich antwortete: ja
Aber dann wusste ich
Keine Auskunft zu geben
Wie das aussehen sollte
Wie ich selber
Aussehen sollte
Dort

Ich wusste nur eines
Keine Hierarchie
Von Heiligen auf goldnen Stühlen sitzend
Kein Niedersturz
Verdammter Seelen
Nur

Nur Liebe frei gewordne
Niemals aufgezehrte
Mich überflutend

Kein Schutzmantel starr aus Gold
Mit Edelsteinen besetzt
Ein spinnwebenleichtes Gewand
Ein Hauch
Mir um die Schultern
Liebkosung schöne Bewegung
Wie einst von tyrrhenischen Wellen
Wie von Worten die hin und her

Wortfetzen
Komm du komm

Schmerzweb mit Tränen besetzt
Berg-und-Tal-Fahrt
Und deine Hand
Wieder in meiner

So lagen wir lasest du vor
Schlief ich ein
Wachte auf
Schlief ein
Wache auf
Deine Stimme empfängt mich
Entlässt mich und immer
So fort

Mehr also, fragen die Frager
Erwarten Sie nicht nach dem Tode?
Und ich antworte
Weniger nicht.

Marie Luise Kaschnitz

Wenn niemand mehr stirbt

Gibt es die Auferstehung der Toten und das ewige Leben?
Glaube, Vertrauen und Zweifel bestimmen unser Denken.

Wie das Leben nach dem Tod aussehen soll, das können wir uns nicht vorstellen. Und so gibt es heute wie damals genügend rationale Gründe, eine solche Hoffnung als Illusion abzutun. Die Sadduzzäer tun es zur Zeit Jesu mit dem bildhaften Beispiel von einer Frau, die nacheinander sieben Männer hatte. Jesus wird gefragt, wen von den Sieben die Frau nach der Auferstehung zum Mann bekäme (Lk 20,27–40). Mit dieser Provokation wollen sie Jesus auf die Probe stellen und herausfinden, wie realistisch denn das »ewige Leben« ist.

Das Leben nach dem Tod lässt sich bis heute in vielerlei Weise infrage stellen: Wo sollen denn die vielen Leute sein, die seit Anbeginn der Welt gelebt haben? Ist es einzig eine menschliche Weigerung, die eigene Endlichkeit zu akzeptieren? Der Schweizer Psychiater Carl Gustav Jung argumentierte gegen all diese rationalen Argumente: Er könne als Psychologe nicht beweisen, dass es ein Leben nach dem Tod gibt. Aber er wisse um die Weisheit der Seele. Und die Weisheit der Seele wisse darum, dass wir im Tod in die Vollendung hinein sterben. Als Psychologe könne er auch sagen: Wenn man gegen die Weisheit der Seele verstößt, wird man ruhelos, rastlos und neurotisch.

Natürlich kann man einwenden: Ist der Auferstehungsglaube demnach nur eine Konstruktion der Seele, damit sie gesund leben kann? Dann jedoch lässt sich alles infrage stellen: Können wir überhaupt etwas wissen? Ist alles nur Illusion? Wenn alles absurd ist, ist unser Leben jetzt schon der Tod?

In seiner Antwort an die Sadduzzäer lässt sich Jesus auf Spitzfindigkeiten nicht ein. Er spricht von »jener Welt«, der himmlischen und von der »Auferstehung der Toten«. In dieser Welt bei Gott gibt es kein Heiraten mehr. Dort gehören wir nicht irgendeinem Menschen. Wir sind Söhne und Töchter Gottes. Aber als solche sind wir nicht nur mit Gott, sondern mit allen Menschen eins, jedoch nicht mehr so ausschließlich wie in der Ehe. Das Miteinander in Gott hat eine andere Qualität.

Manchmal dürfen wir in der Meditation, wenn wir den Grund unserer Seele berühren, erahnen, was es heißt: all-eins zu sein. Das ist eine neue Qualität des Lebens. Diese wird uns in der Auferstehung der Toten geschenkt.

Geschichte im Jetzt

Jesus argumentiert weiter, dass unser Gott der Gott Abrahams, Isaaks und Jakobs ist. »Er ist jedoch kein Gott von Toten, sondern von Lebenden«. Für die Juden war die Erinnerung an Gott immer auch die Erinnerung an ihre Väter im Glauben. Jesus sagt nun: Das ist keine bloße Erinnerung. Die Väter leben in Gott weiter. Denn wer in Gott lebt, der lebt immer, für den hat der Tod keine Macht. Wenn wir heute an Gott denken, so ist es immer auch der Gott unserer Eltern, Großeltern und Urgroßeltern. Gott ist immer auch der Gott unserer eigenen Lebensgeschichte. Die Wurzeln unserer Lebensgeschichte, die wir in unseren Vorfahren haben, sind jetzt in Gott. Der jüdische und der christliche Gott ist ein Gott der Geschichte. Unsere Geschichte wird im Tod für immer in Gott hinein aufgehoben. Sie ist nicht bedeutungslos. Somit gehört auch unsere Geschichte wesentlich zu unserem Glauben. Denn in unserer Lebensgeschichte geschieht Glauben. Da lernen wir, an den Gott jenseits der irdischen Geschichte zu glauben.

Zugleich spricht Gott durch die Geschichte zu uns. Glauben heißt auch: aus den Wurzeln leben, aus der Lebens- und Glaubenskraft unserer Vorfahren. Es lohnt, unsere Wurzeln im Glauben unserer Vorfahren zu beachten und zu hüten. Das ewige Leben, das uns in Gott erwartet, ist auch die Verwandlung unserer menschlichen Geschichte in das ewige Jetzt Gottes.

Anselm Grün

Wir sind wie Zugvögel

Gott ist die Heimat aller Menschen. Er ist unsere einzige Sehnsucht. Gott ist im Innersten aller Kreaturen verborgen und ruft uns. Das ist die geheimnisvolle Ausstrahlung, die von allen Wesen ausgeht. Wir hören seinen Ruf in der Tiefe unseres Wesens, wie die Lerche, die früh von ihrer Gefährtin geweckt wird, oder wie Julia, die Romeo unter ihrem Balkon pfeifen hört ...

Obwohl wir Gott nie gesehen haben, sind wir wie Zugvögel, die an einem fremden Ort geboren, doch eine geheimnisvolle Unruhe empfinden, wenn der Winter naht, einen Ruf des Blutes, eine Sehnsucht nach der frühlingshaften Heimat, die sie nie gesehen haben und zu der sie aufbrechen, ohne zu wissen, wohin. Sie haben den Ruf des Gelobten Landes vernommen, die Stimme des Geliebten, der ruft:

»Auf, meine Freundin! Du meine Schöne, komm! Vorüber ist die Winterzeit, der Regen ist vorbei« (Hohes Lied, 2,10).

Ernesto Cardenal

Texte zeitgenössischer Autoren zum Tod und zur Trauer

II.
Rituale zu Tod, Sterben und Trauer

Manchmal sagt ein Ritual, eine Geste mehr, als tausend Worte es je aussagen könnten. Gerade im Angesicht des Todes, wenn eine lähmende Sprachlosigkeit um sich greift, ist es wichtig, solche Rituale zu pflegen. Sie können den Trauernden helfen, den Tod eines Menschen in einem neuen Licht zu betrachten. Sie sind aber auch bedeutsam für den Trauerprozess. Rituale helfen, das auszudrücken, was man nicht in Worte fassen kann. Deswegen sind sie gerade für trauernde Menschen tröstlich.

Es ist gut, Trauernden solche Rituale an die Hand zu geben. Der Besuch am Grab, das Entzünden einer Kerze, die Feier des Gottesdienstes für den Verstorbenen: All das sind Zeichen, die eine bleibende Verbundenheit zu den Toten ausdrücken und zugleich helfen, der eigenen Trauer einen sichtbaren Ausdruck zu verleihen.

Aber es braucht auch die Ermutigung der Trauernden, eigene Rituale zu finden, eigene Bräuche zu entwickeln, um den Tod eines lieben Menschen zu verarbeiten. Nicht immer reicht ein Rückgriff auf Bestehendes, gerade in der individuellen Situation der Trauer muss man auch Eigenes finden und entdecken. Auch dazu können diese Texte eine Anregung und Ermutigung sein.

Beistand in der Sterbestunde

Fürchte dich nicht

Fürchte dich nicht, N.N.!
Du wirst bald jene letzte Schwelle überschreiten,
über die wir dich nicht begleiten können.
Doch bis zu dieser Grenze bleibst du nicht allein:
Wir halten dich – aber wir halten dich nicht fest.
Du wirst aus dieser Welt hinübergehen
in jene andere Welt, von der wir nichts wissen,
von der wir nur in Bildern des Glaubens sprechen können.
Und der Glaube schenkt uns ein wunderbares Bild:
Du wirst eingehen in das Reich des Friedens und der Freude,
empfangen wird dich jener,
den wir nicht besser als mit dem Wort »Gott« benennen können –
ein fürsorgender Vater, eine liebevolle Mutter,
ein verlässlicher Freund und treuer Begleiter.
N.N., du wirst erwartet.
Darum fürchte dich nicht!
Georg Schwikart

Lassen Sie Ihre Trauer zu – in all ihren Formen, im Weinen, im Schreien, im Seufzen, in traurigen Gedanken, im stillen Traurigsein, im Rückzug oder wie auch immer sich Ihr Schmerz zeigen mag. Bleiben Sie bei der Form des Trauerns, die für Sie stimmt. Sie müssen nicht immer sichtbar in Form von Tränen trauern – Sie finden die Form, die zu Ihnen passt.

Die Trauer zeigt Ihnen, dass Ihre Seele in Verbindung zum Verstorbenen bleiben wird. Die Trauer ist Ausdruck Ihrer Liebe zu dem geliebten Menschen.

Bildlich gesprochen ist jede Träne, jedes Seufzen, jeder traurige Gedanke, jeder Teil Ihrer Trauer wie eine unendlich wertvolle Perle, die Sie Ihrem geliebten Menschen aus Liebe schenken.

Bildlich gesprochen ist Ihre Trauer selbst – wie immer sie bei Ihnen aussehen mag – ein Brief, den Sie aus Liebe Ihrem geliebten Menschen schicken.

Roland Kachler

Trösten als christliche Aufgabe

Oft ist es schwer, Worte des Trostes zu finden, die von christlicher Hoffnung geprägt sind. Und doch sollten Christen den Mut dazu haben: im persönlichen Gespräch mit den Trauernden oder auch durch persönliche, aus der Hoffnung des Glaubens geformte schriftliche Bekundungen der Anteilnahme. Mehr als alle Worte bedeutet freilich die Erfahrung, dass Menschen ihr Leben aus dem Glauben führen. Er lässt sie die Höhen und Tiefen ihres Lebens besser bestehen und Trost finden im Vertrauen auf die Gegenwart und die Nähe des lebendigen Gottes. Von ihm gehalten können sie durch ihr Leben und ihren Glauben, durch ihr Wort und ihr Schweigen, durch ihre Aufmerksamkeit und ihre Betroffenheit den Weg bereiten für den Trost Gottes unter den Menschen.

Die Sorge um die Trauernden ist nicht nur Aufgabe der hauptberuflichen Seelsorger, sondern der ganzen Gemeinde. Wo viele einsam, traurig und resigniert, hoffnungs- und hilflos sind, ist es wichtig, dass mehr und mehr Christen ihre Begabung wahrnehmen und vertiefen, andere zu stärken, zu trösten, zu ermutigen, aufzurichten und in ihnen Vertrauen und Zuversicht neu zu wecken.

Die deutschen Bischöfe*

---

* Aus: Dies., Tote begraben und Trauernde trösten. Bestattungskultur im Wandel aus katholischer Sicht, 3. aktualisierte Auflage 2017, Arbeitshilfen Nr. 81, S. 34f., © Die deutschen Bischöfe

Im Grab beerdigt – und doch gegenwärtig

Die Beerdigung ist der Akt, in dem die ersten Tage nach dem Tod zu einem ersten Abschluss kommen. Der Leichnam des Verstorbenen hat nun seinen Platz, an dem er zur letzten Ruhe gebettet ist. Hier taucht die uralte Vorstellung auf, dass der Verstorbene in dieser Ruhe nur schläft und nicht wirklich tot ist.

Die Hinterbliebenen erleben mit der Beerdigung an diesem besonderen Ort des Grabes meist eine erste Beruhigung. Wenigstens haben die sterblichen Überreste einen sicheren Ort gefunden. Zwar ist der Verstorbene nicht mehr da, aber er ist mir nicht ganz entzogen. Es gibt einen Ort, zu dem ich gehen und an dem ich ihn finden kann.

So paradox es sich anhört: Der Hinterbliebene denkt, dass es hätte schlimmer kommen können. Und tatsächlich ist es noch schlimmer, wenn ein verstorbener Angehöriger nicht gefunden wird und nicht beerdigt werden kann, es also keinen Ort für seine sterblichen Überreste gibt. Oft bleibt es dann bei einem unruhigen Suchen, weil der Tod des Angehörigen nicht geglaubt wird und sein Tod nicht durch die Faktizität des Grabes bestätigt wird. Die Seele braucht einen konkreten Ort, wo sie den Verstorbenen finden kann – und das ist zunächst das Grab.

Das Grab ist das erste und wohl älteste Bild des sicheren Ortes, an dem der Verstorbene bewahrt ist. Grabsteine, ursprünglich häufig Stelen oder Menhire, standen schon in der Spätsteinzeit als »Grabwächter« am oder auf dem Grab. Der Stein schützt die Unverletzlichkeit des besonderen Ortes und sichert mit seiner Schwere die Ruhe des Toten, der in diesem Grab schläft.

Viele Hinterbliebene zieht es immer wieder zu diesem besonderen Ort. Es ist ein von der übrigen Welt abgegrenzter Raum, in dem für die Angehörigen nicht mehr die physikalischen Gesetze von Raum und Zeit gelten. Hier bleibt die Zeit stehen, und hier kann der Raum in andere Welten geöffnet und durchschritten werden. Deshalb ist das Grab ein Durchgangs- und Übergangsort, an dem die Kommunikation zwischen den Welten der Lebenden und Toten möglich ist. Dies ist keine naturwissenschaftliche Aussage, vielmehr versuche ich damit zu beschreiben, was Angehörige erleben und was für sie gültig ist. Seit den Anfängen der Menschheitsgeschichte war das Grab Durchgangsort für den Verstorbenen und damit Tür zu einer anderen Welt – immer auch von beiden Seiten her durchlässig.

Einen Ort, an dem Grenzen überschritten und transzendiert werden, kann man als heiligen Ort verstehen. Viele Hinterbliebene erleben dies so. Das Grab unterscheidet sich deshalb von allen anderen Orten im Leben des Hinterbliebenen.

Roland Kachler

Rituale beim Tod eines Kindes

Der Sohn unseres früheren Buchhändlers starb mit 20 Jahren bei einem Autounfall. Der Vater lud mit mir auch die Freunde und Freundinnen seines Sohnes ein, um am Abend vor der Beerdigung zu erzählen, was ihnen an Dominik wichtig war, was er leben wollte, woran sie sich erinnerten. Der Vater meinte, die Beerdigung sei das letzte Abschiedsfest für seinen Sohn, und er wolle, dass es stimmig gefeiert werde. Trotz des großen Schmerzes hatte der Vater das Bedürfnis, zum Abschluss des Gottesdienstes »Großer Gott, wir loben dich« zu singen. Wir feierten die Eucharistie nicht in der großen Abteikirche, sondern in der Krypta. Die Erwachsenen nahmen in den Bänken Platz, die Jugendlichen setzten sich auf den Boden. So entstand eine intime Atmosphäre. Die Jugendlichen trugen ihre Fürbitten vor und spielten das Lieblingslied von Dominik. Sie hatten auch ein Kreuz gezimmert, das sie dann am Unfallort aufstellten.

Nicht immer ist die Familie nach dem Tod eines Kindes fähig, die Beerdigung durch eigene Rituale zu gestalten. Sie soll sich auch nicht unter Druck setzen. Manchmal aber findet die Familie später zu Ritualen, die ihrer Trauer um das Kind entsprechen. Sie stellen – ähnlich wie wir Mönche es tun – 30 Tage lang eine Kerze an seinen Platz am Essenstisch. Und während der Mahlzeit zünden sie die Kerze an. Oder sie laden die Geschwister des verstorbenen Kindes ein, ihrer Trauer Ausdruck zu geben, etwas zu malen oder zu basteln und es in den Sarg zu legen oder ins Grab zu werfen.

Ein Pfarrer erzählte mir von einem tragischen Unfall auf dem Bauernhof. Der Vater fuhr mit dem Traktor rückwärts und übersah den vierjährigen Sohn. Der Tod des Sohnes erfüllte vor allem den Vater mit tiefen Schuldgefühlen. Bei der Mutter kamen trotz allen Bemühens immer wieder auch Gedanken hoch, in denen sie ihrem Mann vorwarf, dass er nicht richtig aufgepasst habe. Der Pfarrer hielt am Jahrestag des tragischen Unfalls auf dem Hof jeweils eine Eucharistiefeier. Er schilderte, wie diese Eucharistiefeier all die unterdrückten Vorwürfe und Schuldgefühle immer wieder verwandelte und den Sohn in die Familie integrierte. Er wurde nicht totgeschwiegen, sondern als Mitglied der Familie lebendig gehalten. Man dachte nicht mehr mit Schuldgefühlen an ihn, sondern er war gegenwärtig als ein Kind, das für immer die Eltern mit seinem Lächeln beschenkt hat.

Anselm Grün

10 Schritte in Tagen der Trauer

1. Ich darf mich meiner Trauer völlig hingeben, ohne danach zu fragen, was andere Menschen denken.

2. Ich darf die Schmerzen zulassen, darf weinen und klagen und zornig sein.

3. Ich darf mich während meiner Trauer vom heutigen Leben zurückziehen und ganz in der Erinnerung leben.

4. Ich darf Dankbarkeit empfinden für diesen Menschen, gerade weil mich der Verlust schmerzt.

5. Ich darf Fragen zulassen über meine Versäumnisse gegenüber diesem Menschen. Wenn ich mich schuldig weiß, darf ich diese Schuld eingestehen und abgeben.

6. Ich darf Fragen zulassen über Versäumnisse und Lieblosigkeit des verstorbenen Menschen mir gegenüber. Ich darf ihm Schuld auch nachträglich vergeben.

7. Ich darf zu Gott beten und klagen, stammeln und betroffen schweigen. Ich darf bei ihm »abladen«.

8. Ich darf auf ein Leben nach dem Tod hoffen und trotzdem ganz in dieser Welt leben.

9. Ich darf so trauern, wie es für mich und meine Heilung gut ist.

10. Ich darf das »neue Leben« nach der Trauer so führen, wie ich es für gut und richtig halte.

Rainer Haak

Wie soll ich dich überleben?

Was Ihnen in der ersten Trauerzeit hilft

Nachdem mit der Beerdigung des geliebten Menschen und den Aufgaben in den Tagen danach das Wichtigste getan ist, kehrt eine unheimliche Ruhe ein. Viele Angehörige und Freunde kommen nach den ersten Trauerbesuchen nur noch selten oder gar nicht mehr. Nun dringt die Realität des Verlustes, der Abwesenheit des geliebten Menschen oder des Alleinseins langsam ins Bewusstsein. Erst jetzt wird – wenigstens in Ansätzen – klar, was eigentlich geschehen ist und was auf Sie als Trauernde oder Trauernden zukommt: nämlich das Leben ohne Ihren geliebten Menschen.

In dieser ersten schlimmen Zeit sind es die ganz einfachen Dinge, die Sie brauchen und die Ihnen helfen, diese Zeit zu überleben. Es geht nicht darum, dass es Ihnen gut geht, sondern dass Sie diese ersten Wochen nach dem Tod Ihres geliebten Menschen überstehen. Es sind überlebensnotwendige, kleinste Dinge, die Sie und Ihre Seele jetzt brauchen. Diese helfen, dass Sie sich überhaupt wieder spüren und merken, dass Sie noch am Leben sind. Es sind allerkleinste Hilfestellungen, die Sie jetzt von Tag zu Tag, von Woche zu Woche am Leben halten. Bei einem schweren Verlust geht es um nichts weniger, aber auch um nicht mehr als um dieses Überleben, jeden Tag für sich und so Tag um Tag. Es ist nicht die Zeit der großen Zukunft, nicht die Zeit der Pläne, sondern die Zeit der kleinen Schritte. Es geht darum, dass Sie Schritte des Überlebens und Schritte zum Überleben tun können und auch tun. Sie werden diese Schritte langsam, unsicher und tastend gehen. Manchmal möchten Sie einfach nicht weitergehen, manchmal liegt es nahe, aufzugeben und selbst sterben zu wollen. All das sind ganz normale und – so schwer es zu ertragen ist – auch notwendige Erfahrungen. Und doch wird es immer wieder auch Momente oder Stunden geben, in denen es Ihnen ordentlich geht. Dann nehmen Sie solche Erfahrungen als kleine Geschenke, die Sie für die weiteren schweren Stunden stärken.

Roland Kachler

III.
Texte von Literaten und Dichtern

Menschen aller Zeiten waren mit dem Tod und dem Sterben konfrontiert. Schon immer waren die Menschen gedrängt, sich zum plötzlichen Ableben eines geliebten Mitmenschen zu verhalten. Über die Jahrhunderte hinweg haben sich deshalb unterschiedliche Rituale entwickelt, die im Zusammenhang mit dem Tod von Menschen stehen. Zugleich wurde immer wieder versucht, den Tod zu deuten und die Gefühle, die er verursacht, ins Wort zu fassen. Jede Epoche hat Texte hervorgebracht, die vom Tod handeln.

Manche Dichter und Literaten haben ganz allgemein über den Tod nachgedacht. Sie haben versucht, hinter ihm einen tieferen Sinn zu entdecken, der den Lebenden verborgen ist. Oder sie haben den Tod mit Phänomenen, die sie in der Natur beobachtet haben, verglichen. Manche dieser Texte sind aber auch Ausdruck der eigenen Trauer und des eigenen Schmerzes. Weil Schriftsteller mit dem Tod konfrontiert wurden, haben sie ihre Trauer ins Wort gefasst, haben sie versucht, ihre Gefühle und Gedanken auszudrücken.

Hier haben wir es nicht mit Texten zu tun, die einen christlichen Glauben als Hintergrund haben. Vielmehr sind es Gedichte und Gedanken, die eine ganz menschliche Sehnsucht in sich bergen: Die Sehnsucht, dass das Leben mit dem Tod nicht einfach abbricht, dass ein Mensch mit seinem Sterben nicht in die Bedeutungslosigkeit stürzt. Das ist in erster Linie ein Nachdenken über das Wesen des Menschen und sein Verhalten im Angesicht des Todes.

Der Tod

Ist doch etwas so Seltsames,
dass man ihn, unerachtet aller Erfahrung,
bei einem uns teuren Gegenstande nicht für möglich hält
und er immer als etwas Unglaubliches und Unerwartetes eintritt.
Er ist gewissermaßen eine Unmöglichkeit,
die plötzlich zur Wirklichkeit wird.
Und dieser Übergang
aus einer uns bekannten Existenz in eine andere,
von der wir auch gar nichts wissen,
ist etwas so Gewaltsames,
dass es für die Zurückgebliebenen
nicht ohne die tiefste Erschütterung abgeht.

Johann Wolfgang von Goethe

Todes-Erfahrung

Wir wissen nichts von diesem Hingehn, das
nicht mit uns teilt. Wir haben keinen Grund,
Bewunderung und Liebe oder Hass
dem Tod zu zeigen, den ein Maskenmund

tragischer Klage wunderlich entstellt.
Noch ist die Welt voll Rollen, die wir spielen.
Solang wir sorgen, ob wir auch gefielen,
spielt auch der Tod, obwohl er nicht gefällt.

Doch als du gingst, da brach in diese Bühne
ein Streifen Wirklichkeit durch jenen Spalt
durch den du hingingst: Grün wirklicher Grüne,
wirklicher Sonnenschein, wirklicher Wald.

Wir spielen weiter. Bang und schwer Erlerntes
hersagend und Gebärden dann und wann
aufhebend; aber dein von uns entferntes,
aus unserm Stück entrücktes Dasein kann

uns manchmal überkommen, wie ein Wissen
von jener Wirklichkeit sich niedersenkend,
so dass wir eine Weile hingerissen
das Leben spielen, nicht an Beifall denkend.

Rainer Maria Rilke

Requiem

Für Wolf Graf von Kalckreuth
Geschrieben am 4. und 5. November 1908, in Paris

Sah ich dich wirklich nie? Mir ist das Herz
so schwer von dir wie von zu schwerem Anfang,
den man hinausschiebt. Dass ich dir begänne
zu sagen, Toter der du bist; du gerne,
du leidenschaftlich Toter. War das so
erleichternd wie du meintest, oder war
das Nichtmehrleben doch noch weit vom Totsein?
Du wähntest, besser zu besitzen dort,
wo keiner Wert legt auf Besitz. Dir schien,
dort drüben wärst du innen in der Landschaft,
die wie ein Bild hier immer vor dir zuging,
und kämst von innen her in die Geliebte
und gingest hin durch alles, stark und schwingend.
O dass du nun die Täuschung nicht zu lang
nachtrügest deinem knabenhaften Irrtum.
Dass du, gelöst in einer Strömung Wehmut
und hingerissen, halb nur bei Bewusstsein,
in der Bewegung um die fernen Sterne
die Freude fändest, die du von hier fort
verlegt hast in das Totsein deiner Träume.
Wie nahe warst du, Lieber, hier an ihr.
Wie war sie hier zuhaus, die, die du meintest,
die ernste Freude deiner strengen Sehnsucht.
Wenn du, enttäuscht von Glücklichsein und Unglück,
dich in dich wühltest und mit einer Einsicht
mühsam heraufkamst, unter dem Gewicht
beinah zerbrechend deines dunkeln Fundes:
da trugst du sie, sie, die du nicht erkannt hast,
die Freude trugst du, deines kleinen Heilands
Last trugst du durch dein Blut und holtest über.

Was hast du nicht gewartet, dass die Schwere
ganz unerträglich wird da schlägt sie um
und ist so schwer, weil sie so echt ist. Siehst du,
dies war vielleicht dein nächster Augenblick;
er rückte sich vielleicht vor deiner Tür
den Kranz im Haar zurecht, da du sie zuwarfst.

O dieser Schlag, wie geht er durch das Weltall,
wenn irgendwo vom harten scharfen Zugwind
der Ungeduld ein Offenes ins Schloss fällt.
Wer kann beschwören, dass nicht in der Erde
ein Sprung sich hinzieht durch gesunde Samen;
wer hat erforscht, ob in gezähmten Tieren
nicht eine Lust zu töten geilig aufzuckt,
wenn dieser Ruck ein Blitzlicht in ihr Hirn wirft.
Wer kennt den Einfluss, der von unserm Handeln
hinüberspringt in eine nahe Spitze,
und wer begleitet ihn, wo alles leitet?

Dass du zerstört hast. Dass man dies von dir
wird sagen müssen bis in alle Zeiten.
Und wenn ein Held bevorsteht, der den Sinn,
den wir für das Gesicht der Dinge nehmen,
wie eine Maske abreißt und uns rasend
Gesichter aufdeckt, deren Augen längst
uns lautlos durch verstellte Löcher anschaun:
dies ist Gesicht und wird sich nicht verwandeln:
dass du zerstört hast. Blöcke lagen da,
und in der Luft um sie war schon der Rhythmus
von einem Bauwerk, kaum mehr zu verhalten;
du gingst herum und sahst nicht ihre Ordnung,
einer verdeckte dir den andern; jeder
schien dir zu wurzeln, wenn du im Vorbeigehn
an ihm versuchtest, ohne rechtes Zutraun,
dass du ihn hübest. Und du hobst sie alle
in der Verzweiflung, aber nur, um sie
zurückzuschleudern in den klaffen Steinbruch,

in den sie, ausgedehnt von deinem Herzen,
nicht mehr hineingehn. Hätte eine Frau
die leichte Hand gelegt auf dieses Zornes
noch zarten Anfang; wäre einer, der
beschäftigt war, im Innersten beschäftigt,
dir still begegnet, da du stumm hinausgingst,
die Tat zu tun –; ja hätte nur dein Weg
vorbeigeführt an einer wachen Werkstatt,
wo Männer hämmern, wo der Tag sich schlicht
verwirklicht; wär in deinem vollen Blick
nur so viel Raum gewesen, dass das Abbild
von einem Käfer, der sich müht, hineinging,
du hättest jäh bei einem hellen Einsehn
die Schrift gelesen, deren Zeichen du
seit deiner Kindheit langsam in dich eingrubst,
von Zeit zu Zeit versuchend, ob ein Satz
dabei sich bilde: ach, er schien dir sinnlos.
Ich weiß; ich weiß: du lagst davor und griffst
die Rillen ab, wie man auf einem Grabstein
die Inschrift abfühlt. Was dir irgend licht
zu brennen schien, das hieltest du als Leuchte
vor diese Zeile; doch die Flamme losch
eh du begriffst, vielleicht von deinem Atem,
vielleicht vom Zittern deiner Hand; vielleicht
auch ganz von selbst, wie Flammen manchmal ausgehn.
Du lassest's nie. Wir aber wagen nicht,
zu lesen durch den Schmerz und aus der Ferne.

Nur den Gedichten sehn wir zu, die noch
über die Neigung deines Fühlens abwärts
die Worte tragen, die du wähltest. Nein,
nicht alle wähltest du; oft ward ein Anfang
dir auferlegt als Ganzes, den du nachsprachst
wie einen Auftrag. Und er schien dir traurig.
Ach hättest du ihn nie von dir gehört.
Dein Engel lautet jetzt noch und betont

denselben Wortlaut anders, und mir bricht
der Jubel aus bei seiner Art zu sagen,
der Jubel über dich: denn dies war dein:
Dass jedes Liebe wieder von dir abfiel,
dass du im Sehendwerden den Verzicht
erkannt hast und im Tode deinen Fortschritt.
Dieses war dein, du, Künstler; diese drei
offenen Formen. Sieh, hier ist der Ausguss
der ersten: Raum um dein Gefühl; und da
aus jener zweiten schlag ich dir das Anschaun
das nichts begehrt, des großen Künstlers Anschaun;
und in der dritten, die du selbst zu früh
zerbrochen hast, da kaum der erste Schuss
bebender Speise aus des Herzens Weißglut
hineinfuhr –, war ein Tod von guter Arbeit
vertieft gebildet, jener eigne Tod,
der uns so nötig hat, weil wir ihn leben,
und dem wir nirgends näher sind als hier.

Dies alles war dein Gut und deine Freundschaft;
du hast es oft geahnt; dann aber hat
das Hohle jener Formen dich geschreckt,
du griffst hinein und schöpftest Leere
und beklagtest dich. – O alter Fluch der Dichter,
die sich beklagen, wo sie sagen sollten,
die immer urteiln über ihr Gefühl
statt es zu bilden; die noch immer meinen,
was traurig ist in ihnen oder froh,
das wüssten sie und dürftens im Gedicht
bedauern oder rühmen. Wie die Kranken
gebrauchen sie die Sprache voller Wehleid,
um zu beschreiben, wo es ihnen wehtut,
statt hart sich in die Worte zu verwandeln,
wie sich der Steinmetz einer Kathedrale
verbissen umsetzt in des Steines Gleichmut.

Texte von Literaten und Dichtern

Dies war die Rettung. Hättest du nur ein Mal
gesehn, wie Schicksal in die Verse eingeht
und nicht zurückkommt, wie es drinnen Bild wird
und nichts als Bild, nicht anders als ein Ahnherr,
der dir im Rahmen, wenn du manchmal aufsiehst,
zu gleichen scheint und wieder nicht zu gleichen –:
du hattest ausgeharrt.

Doch dies ist kleinlich,
zu denken, was nicht war. Auch ist ein Schein
von Vorwurf im Vergleich, der dich nicht trifft.
Das, was geschieht, hat einen solchen Vorsprung
vor unserm Meinen, dass wir's niemals einholn
und nie erfahren, wie es wirklich aussah.

Sei nicht beschämt, wenn dich die Toten streifen,
die andern Toten, welche bis ans Ende
aushielten. (Was will Ende sagen?) Tausche
den Blick mit ihnen, ruhig, wie es Brauch ist,
und fürchte nicht, dass unser Trauern dich
seltsam belädt, so dass du ihnen auffällst.
Die großen Worte aus den Zeiten, da
Geschehn noch sichtbar war, sind nicht für uns.
Wer spricht von Siegen? Überstehn ist alles.

Rainer Maria Rilke

Nun will die Sonn' so hell aufgehn

Nun will die Sonn' so hell aufgehn,
Als sei kein Unglück die Nacht geschehn!
Das Unglück geschah nur mir allein!
Die Sonne, sie scheinet allgemein!
Du musst nicht die Nacht in dir verschränken,
Musst sie ins ew'ge Licht versenken!
Ein Lämplein verlosch in meinem Zelt!
Heil sei dem Freudenlicht der Welt.

Friedrich Rückert

Unglaublich, wie erträgt ein Herz

Unglaublich, wie erträgt ein Herz,
Was schon zu denken unerträglich!
Hinhalten Hoffnungen den Schmerz,
Ihn brechend, den sie steigern täglich.

Man hofft und hofft, bis hoffnungslos
Geworden das geliebte Leben,
Dann gibt man auf die Hoffnung bloß,
Das Leben war schon aufgegeben.

Friedrich Rückert

Über alle Gräber wächst

Über alle Gräber wächst zuletzt das Gras,
Alle Wunden heilt die Zeit, ein Trost ist das,
Wohl der schlechteste, den man dir kann erteilen;
Armes Herz, du willst nicht, dass die Wunden heilen.
Etwas hast du noch, solang es schmerzlich brennt;
Das Verschmerzte nur ist tot und abgetrennt.

Friedrich Rückert

Texte von Literaten und Dichtern

Jesus lebt, mit ihm auch ich

Jesus lebt, mit ihm auch ich!
Tod, wo sind nun deine Schrecken?
Er, er lebt und wird auch mich
von den Toten auferwecken.
Er verklärt mich in sein Licht;
dies ist meine Zuversicht.

Jesus lebt! Ihm ist das Reich
über alle Welt gegeben;
mit ihm werd auch ich zugleich
ewig herrschen, ewig leben.
Gott erfüllt, was er verspricht;
dies ist meine Zuversicht.

Jesus lebt! Ich bin gewiss,
nichts soll mich von Jesus scheiden,
keine Macht der Finsternis,
keine Herrlichkeit, kein Leiden.
Seine Treue wanket nicht;
dies ist meine Zuversicht.

Jesus lebt! Nun ist der Tod
mir der Eingang in das Leben.
Welchen Trost in Todesnot
wird er meiner Seele geben,
wenn sie gläubig zu ihm spricht:
»Herr, Herr, meine Zuversicht!«
Nach Christian Fürchtegott Gellert

Was Gott tut, das ist wohlgetan

Was Gott tut, das ist wohlgetan,
es bleibt gerecht sein Wille;
wie er fängt seine Sachen an,
will ich ihm halten stille.
Er ist mein Gott, der in der Not
mich wohl weiß zu erhalten;
drum lass ich ihn nur walten.

Was Gott tut, das ist wohlgetan,
er wird mich nicht betrügen;
er führet mich auf rechter Bahn;
so lass ich mir genügen
an seiner Huld
und hab Geduld,
er wird mein Unglück wenden,
es steht in seinen Händen.

Was Gott tut, das ist wohlgetan,
er wird mich wohl bedenken;
er als mein Arzt und Wundermann
wird mir nicht Gift einschenken
für Arzenei;
Gott ist getreu,
drum will ich auf ihn bauen
und seiner Güte trauen.

Was Gott tut, das ist wohlgetan,
er ist mein Licht und Leben,
der mir nichts Böses gönnen kann;
ich will mich ihm ergeben
in Freud und Leid,
es kommt die Zeit,
da öffentlich erscheinet,
wie treulich er es meinet.

Was Gott tut, das ist wohlgetan;
muss ich den Kelch gleich schmecken,
der bitter ist nach meinem Wahn,
lass ich mich doch nicht schrecken,
weil doch zuletzt
ich werd ergötzt
mit süßem Trost im Herzen;
da weichen alle Schmerzen.

Was Gott tut, das ist wohlgetan,
dabei will ich verbleiben.
Es mag mich auf die raue Bahn
Not, Tod und Elend treiben,
so wird Gott mich
ganz väterlich
in seinen Armen halten;
drum lass ich ihn nur walten.

Samuel Rodigast

Texte von Literaten und Dichtern

O mein Christ, lass Gott nur walten

O mein Christ, lass Gott nur walten,
bete seine Vorsicht an,
liebreich wird er dich erhalten,
da er nichts als lieben kann.
Wer auf ihn sich ganz verlässt,
dessen Glück steht felsenfest.

Gott weiß alles wohl zu lenken,
von ihm kommt der beste Rat,
welcher Mensch wollt sich noch kränken,
da er Gott zum Vater hat!
Er ist Vater, der uns liebt,
wann er nimmt und wann er gibt.

Führt er dich durch raue Wege,
sendet er dir Leiden zu,
treffen dich gleich harte Schläge,
deine Seele bleib in Ruh!
Dulde still und denk daran:
Was Gott tut, ist wohlgetan.

Lass du nur den Vater sorgen,
trau auf ihn, verzage nicht!
Wie das Sonnenlicht am Morgen
auch durch trübe Wolken bricht.
So, und nicht von ungefähr,
kommt von Gott die Hilfe her.

Alle Tränen und Beschwerden,
alle Leiden dieser Zeit,
wenn sie Gott gewidmet werden,
bringen Frucht und Seligkeit.
Nimm das Kreuz geduldig an,
folge, Jesus geht voran!

Gott weiß alles, was dir fehlet,
weiß, was dich zum Besten führt,
er, der deine Haare zählet
und des Feldes Blumen ziert.
Drum befiehl in Gottes Plan
deine ganze Lebensbahn!

Bitte nur um seinen Segen,
tu das Deine nur getreu,
so wird dir auf allen Wegen
seine weise Führung neu.
Gott ist Vater, Gott ist gut,
gut ist alles, was er tut.

Nach einem alten Bamberger
Gesangbuch

Bleiben wird die Liebe von Gott

Bleiben wird die Liebe von Gott
für alle, die sein Wort befolgen
und danach leben.

Er ruft mich fort aus dem Grab,
ich lebe auf wie ein Adler.
Den Unterdrückten schafft er Recht.
Aufleuchtende Liebe.

Er kennt uns. Er vergisst nicht,
dass wir sind: Staub von der Erde.
Der Sonne gleicht er: Vergebung,
weit wie der Westen und Osten.

Menschen, ihre Tage wie Gras,
Blumen im freien Feld,
der Wind weht, sie sind verschwunden.
Wer weiß, wo sie einmal geblüht.

Bleiben wird die Liebe von Gott
für alle, die sein Wort befolgen
und danach leben.

Huub Oosterhuis

Texte von Literaten und Dichtern

Eine mittelalterliche Erzählung

Zwei Mönche unterhielten sich auf ihren Spaziergängen wieder und wieder über den Tod. Wie würde es sein bei Gott? Sie malten sich alles genau aus, manchmal dachten sie, sie sähen den Himmel bereits vor sich. Dann wieder hatten sie Zweifel. Was wäre, wenn ihre Bilder völlig falsch wären? So beschlossen sie eines Abends: Wer zuerst stirbt, soll in der Nacht nach seinem Tod dem andern erscheinen und nur ein einziges Wort sagen: »Taliter: Es ist so« oder »Aliter: Es ist anders«. Kurz darauf stirbt einer der beiden. In der Nacht erscheint er, wie abgemacht, seinem Freund. »Taliter?«, fragt der ihn. Er schüttelt den Kopf. »Aliter?«, fragt der Freund ängstlich. Wieder schüttelt der andere den Kopf und sagt ganz leise mit einem feinen Lächeln: »Totaliter aliter: Es ist vollkommen anders.«

Quelle unbekannt

Zum Engel der letzten Stunde

Zum Engel der letzten Stunde,
den wir so hart den Tod nennen,
wird uns der weichste, gütigste Engel zugeschickt,
damit er gelinde und sanft das niedersinkende Herz des Menschen
vom Leben abpflücke
und es in warmen Händen und ungedrückt aus der kalten Brust
in das hohe wärmende Eden trage.
Sein Bruder ist der Engel der ersten Stunde,
der den Menschen zweimal küsset,
das erstemal, damit er dieses Leben anfange,
das zweitemal, damit er droben ohne Wunden aufwache
und in das andere lächelnd komme,
wie in dieses Leben weinend.
Jean Paul

Texte von Literaten und Dichtern

Auf den Tod eines kleinen Kindes

Jetzt bist du schon gegangen, Kind,
Und hast vom Leben nichts erfahren,
Indes in unsern welken Jahren
Wir Alten noch gefangen sind.
Ein Atemzug, ein Augenspiel,
Der Erde Luft und Licht zu schmecken,
War dir genug und schon zuviel;
Du schliefest ein, nicht mehr zu wecken.

Vielleicht in diesem Hauch und Blick
Sind alle Spiele, alle Mienen
Des ganzen Lebens dir erschienen,
Erschrocken zogst du dich zurück.

Vielleicht wenn unsre Augen, Kind,
Einmal erlöschen, wird uns scheinen,
Sie hätten von der Erde, Kind,
Nicht mehr gesehen als die deinen.

Hermann Hesse

Meine liebe kleine Schwester, weißt du, dass es dir gar nicht leid zu tun braucht, dass du nicht selbst die Kraft hattest, dir ‚die Wahrheit mal richtig zu sagen, dir zu helfen'? Denn kein Mensch hat diese Kraft. Kein Mensch kann sich selber helfen. Die Welt ist zwar voller Leute, die sich das einreden, aber es gelingt ihnen allen so wenig, wie Münchhausen es gelang, sich am eigenen Schopfe aus dem Sumpf zu ziehen. Jeder kann immer nur den andern, der ihm gerade zunächst im Sumpfe steckt, beim Schopfe fassen. Dies ist der ‚Nächste', von dem die Bibel redet. Und das Wunderbare dabei ist nur, dass jeder selber im Sumpfe steckt und trotzdem kann er den Nächsten herausziehen oder vielmehr vor dem Versinken bewahren. Boden unter den Füßen hat keiner, jeder wird nur gehalten von andern ‚nächsten' Händen, die ihn beim Schopfe packen, und so hält einer den andern und oft ... beide sich gegenseitig. Diese ganze mechanisch unmögliche Halterei ist dann freilich erst möglich dadurch, dass die große Hand von oben alle diese haltenden Menschenhände selber bei den Handgelenken hält. Von ihr her und nicht von irgendeinem gar vorhandenen ‚Boden unter den Füßen' kommt allen diesen Menschen die Kraft, zu halten und zu helfen. Es gibt kein Stehen, nur ein Getragenwerden.

Franz Rosenzweig

Texte von Literaten und Dichtern

Unsere Kissen sind naß

Unsere Kissen sind naß
von den Tränen
verstörter Träume.
Aber wieder steigt
aus unseren leeren
hilflosen Händen
die Taube auf.

Hilde Domin

Die schwersten Wege

Die schwersten Wege
werden alleine gegangen,
die Enttäuschung, der Verlust,
das Opfer,
sind einsam.
Selbst der Tote der jedem Ruf antwortet
und sich keiner Bitte versagt
steht uns nicht bei
und sieht zu
ob wir es vermögen.
Die Hände der Lebenden die sich ausstrecken
ohne uns zu erreichen
sind wie die Äste der Bäume im Winter.
Alle Vögel schweigen.
Man hört nur den eigenen Schritt
und den Schritt den der Fuß
noch nicht gegangen ist aber gehen wird.
Stehenbleiben und sich Umdrehn
hilft nicht. Es muß
gegangen sein.

Nimm eine Kerze in die Hand
wie in den Katakomben,
das kleine Licht atmet kaum.
Und doch, wenn du lange gegangen bist,
bleibt das Wunder nicht aus,
weil das Wunder immer geschieht,
und weil wir ohne die Gnade
nicht leben können:
die Kerze wird hell vom freien Atem des Tags,
du bläst sie lächelnd aus
wenn du in die Sonne trittst
und unter den blühenden Gärten
die Stadt vor dir liegt,
und in deinem Hause
dir der Tisch weiß gedeckt ist.
Und die verlierbaren Lebenden
und die unverlierbaren Toten
dir das Brot brechen und den Wein reichen –
und du ihre Stimmen wieder hörst
ganz nahe
bei deinem Herzen.

Hilde Domin

Freude und Trauer

An einem Tag im Mai trafen sich die Freude und die Trauer an einem See. Sie begrüßten einander, setzten sich an das ruhige Wasser und unterhielten sich. Die Freude sprach von der Schönheit auf Erden und von dem täglichen Wunder des Lebens im Wald, auf den Hügeln und von den Liedern, welche sie am Morgen und am Abend vernommen hatte. Die Trauer stimmte allem zu, was die Freude gesagt hatte, denn sie wusste von dem Zauber und der Schönheit dieser Stunde. Und sehr beredt berichtete sie vom Mai in den Feldern und auf den Hügeln. Die Freude und die Trauer sprachen lange miteinander. Und sie stimmten in allem überein, was sie sich erzählten. Da kamen am anderen Ufer des Sees zwei Jäger vorbei. Als sie über das Wasser blickten, fragte einer:»Wer sind die beiden Gestalten?«Und der andere sprach:»Sagtest du zwei? Ich sehe nur eine.«»Doch es sind zwei«, meinte der erste Jäger. Und der andere entgegnete:»Da ist nur eine Gestalt. Die andere ist nur das Spiegelbild im Wasser.«

Khalil Gibran

Ein afrikanisches Märchen

Durch eine Oase ging ein finsterer Mann, Ben Sadok. Er war so gallig in seinem Charakter, dass er nichts Gesundes und Schönes sehen konnte, ohne es zu verderben. Am Rand der Oase stand ein junger Palmbaum im besten Wachstum. Der stach dem finsteren Mann in die Augen. Da nahm er einen schweren Stein und legte ihn der jungen Palme mitten in die Krone. Mit einem bösen Lachen ging er nach dieser Heldentat weiter. Die junge Palme schüttelte und bog sich und versuchte, die Last abzuschütteln. Vergebens. Zu fest saß der Stein in ihrer Krone. Da krallte sich der Baum tiefer in den Boden und stemmte sich gegen die steinerne Last. Er senkte seine Wurzeln so tief, dass sie die verborgenen Wasser der Oase erreichten, und stemmte den Stein so hoch, dass die Krone über jeden Schatten hinausreichte. Wasser aus der Tiefe und Sonnenglut aus der Höhe machten eine königliche Palme aus dem jungen Baum. Nach Jahren kam Ben Sadok wieder, um sich an dem Krüppelbaum zu freuen, den er verdorben. Er suchte vergebens. Da senkte die stolze Palme ihre Krone, zeigte den Stein und sagte: »Ben Sadok, ich muss Dir danken. Deine Last hat mich stark gemacht.«

Quelle unbekannt

Texte von Literaten und Dichtern

Sommerbild

Ich sah des Sommers letzte Rose steh'n,
Sie war, als ob sie bluten könne, rot;
Da sprach ich schauernd im Vorübergeh'n:
So weit im Leben, ist zu nah' am Tod!

Es regte sich kein Hauch am heißen Tag,
Nur leise strich ein weißer Schmetterling;
Doch, ob auch kaum die Luft sein Flügelschlag
Bewegte, sie empfand es und verging.
Friedrich Hebbel

Ich bin ein Gast in diesem Leben

Ich bin ein Gast in diesem Leben, doch ich sehe,
meine Gastgeber werden allmählich
müde und ungeduldig.
Bäume zittern, Wolken ziehen
schweigend, Berge rücken
von einem Ort zum andern, der Himmel gähnt.
In den Nächten bewegen die Winde
unruhig allerlei Dinge: Rauch, Menschen, Lichter.

Ich trage mich in Gottes Gästebuch ein:
Ich kam, verweilte, es war gut,
ich habe genossen, habe gesündigt, betrogen –
der Empfang in dieser Welt
hat mich sehr beeindruckt.
Jehuda Amichai

Chor der Geretteten

WIR GERETTETEN,
Aus deren hohlem Gebein der Tod schon seine Flöten schnitt,
An deren Sehnen der Tod schon seinen Bogen strich –
Unsere Leiber klagen noch nach
Mit ihrer verstümmelten Musik.
Wir Geretteten,
Immer noch hängen die Schlingen für unsere Hälse gedreht
Vor uns in der blauen Luft –
Immer noch füllen sich die Stundenuhren mit unserem tropfenden Blut.
Wir Geretteten,
Immer noch essen an uns die Würmer der Angst.
Unser Gestirn ist vergraben im Staub.
Wir Geretteten
Bitten euch:
Zeigt uns langsam eure Sonne.
Führt uns von Stern zu Stern im Schritt.
Lasst uns das Leben leise wieder lernen.
Es könnte sonst eines Vogels Lied,
Das Füllen des Eimers am Brunnen
Unseren schlecht versiegelten Schmerz aufbrechen lassen
und uns wegschäumen –
Wir bitten euch:
Zeigt uns noch nicht einen beißenden Hund –
Es könnte sein, es könnte sein
Dass wir zu Staub zerfallen –
Vor euren Augen zerfallen in Staub.
Was hält denn unsere Webe zusammen?
Wir odemlos gewordene,
Deren Seele zu Ihm floh aus der Mitternacht
Lange bevor man unseren Leib rettete
In die Arche des Augenblicks.
Wir Geretteten,
Wir drücken eure Hand,
Wir erkennen euer Auge –

Aber zusammen hält uns nur noch der Abschied,
der Abschied im Staub
hält uns mit euch zusammen.
Nelly Sachs

Aus dem Zyklus Neun Psalmen

II

Jede Nacht führt mein Weg in die Schottergrube,
in die Schottergrube meiner Verzweiflungen,
in das Geröll,
in die Bitternis,
die meine Augen ohnmächtig macht.
Ich höre in den Steinen
die Wut der Winde,
die meine armseligen Kinder zerstäubt.
Herr,
mein verwunschener Name,
der verwunschene Name meiner Kinder
stöhnt in den Steinen!
Du aber bist der unaufhörliche Regen der Trauer,
der unaufhörliche Regen der Verlassenheit,
der Regen der Sterne.
Der Regen der Schwachen,
der meine Augen ohnmächtig macht.
Thomas Bernhardt

Ich lese Traueranzeigen

Freunde sind nicht dabei.
Wir haben vereinbart,
unvermeldet zu sterben.
Bevor es die Buschtrommeln
wissen, sind wir schon
auferstanden, kommen
den Hauptweg herunter,
gesprächig, die Lippen
von Meinung feucht,
die Schaufeln geschultert,
an denen die Erde klebt,
in wallenden makellos
weißen Gewändern.

Peter Horst Neumann

Texte von Literaten und Dichtern

IV.

Texte aus der christlichen Tradition

Auch Christen waren von Anfang an mit dem Tod konfrontiert und mussten sich dazu verhalten. Christliches Leben allerdings ist von der Hoffnung getragen, dass der Tod nicht das Ende, sondern der Übergang in ein neues Leben ist. Über dem christlichen Leben steht das Kreuz Jesu, das durch seine Auferstehung von den Toten zum Siegeszeichen geworden ist.

Christliche Autoren haben im Licht dieser Hoffnung den Tod gedeutet. Auf der Grundlage der Heiligen Schrift, die neben einem Mitsterben mit Jesus auch ein Mitauferstehen mit ihm verheißt, haben sie Trost gefunden. Dabei geben die Texte der unterschiedlichen Epochen Zeugnis vom Wandel der theologischen Deutungsversuche. Gemeinsam ist ihnen die Überzeugung, dass am Ende eines jeden Lebens nicht der unabwendbare Tod steht, sondern das österliche Leben, das über jede Einschränkung erhaben ist.

Gott, zu dir rufe ich

Gott, zu dir rufe ich am frühen Morgen,
hilf mir beten und meine Gedanken sammeln;
ich kann es nicht allein.

In mir ist es finster, aber bei dir ist Licht;
ich bin einsam, aber du verlässt mich nicht;
ich bin kleinmütig, aber bei dir ist Hilfe;
ich bin unruhig, aber bei dir ist Frieden;
in mir ist Bitterkeit, aber bei dir ist Geduld;
ich verstehe deine Wege nicht,
aber du weißt den rechten Weg für mich.

Vater im Himmel,
Lob und Dank sei dir für die Ruhe der Nacht,
Lob und Dank sei dir für den neuen Tag,
Lob und Dank sei dir für alle deine Güte und Treue
in meinem vergangenen Leben.
Du hast mir viel Gutes erwiesen,
lass mich nun auch das Schwere aus deiner Hand hinnehmen.
Du wirst mir nicht mehr auferlegen, als ich tragen kann.
Du lässt deinen Kindern alle Dinge zum besten dienen.

Dietrich Bonhoeffer

Ein kostbares Geschenk

Es gibt nichts, was uns die Abwesenheit eines uns lieben Menschen ersetzen kann und man soll das auch gar nicht versuchen; man muss es einfach aushalten und durchhalten; das klingt zunächst sehr hart, aber es ist doch zugleich ein großer Trost; denn indem die Lücke wirklich unausgefüllt bleibt, bleibt man durch sie miteinander verbunden. Es ist verkehrt, wenn man sagt, Gott füllt die Lücke aus; er füllt sie gar nicht aus, sondern er hält sie vielmehr gerade unausgefüllt, und hilft uns dadurch, unsere echte Gemeinschaft – wenn auch unter Schmerzen – zu bewahren. Ferner: je schöner und voller die Erinnerungen, desto schwerer die Trennung. Aber die Dankbarkeit verwandelt die Qual der Erinnerung in eine stille Freude. Man trägt das vergangene Schöne nicht wie einen Stachel, sondern wie ein kostbares Geschenk in sich. Man muss sich hüten, in den Erinnerungen zu wühlen, sich ihnen auszuliefern, wie man auch ein kostbares Geschenk nicht immerfort betrachtet, sondern nur zu besonderen Stunden und es sonst nur wie einen verborgenen Schatz, dessen man sich gewiss ist, besitzt; dann geht eine dauernde Freude und Kraft von dem Vergangenen aus. ... Vom ersten Aufwachen bis zum Einschlafen müssen wir den anderen Menschen ganz und gar Gott befehlen und ihm überlassen, und aus unseren Sorgen um den Andren Gebete für ihn werden lassen.

Dietrich Bonhoeffer

Bitte um Beistand

Bleibe bei uns, Herr,
denn es will Abend werden und der Tag hat sich geneigt.

Bleibe bei uns und bei deiner ganzen Kirche.

Bleibe bei uns am Abend des Tages,
am Abend unseres Lebens, am Abend der Welt.

Bleibe bei uns mit deiner Gnade und Güte,
mit deinem Wort und Sakrament, mit Deinem Trost und Segen.

Bleibe bei uns,
wenn über uns kommt die Nacht der Trübsal und der Angst,

die Nacht des Zweifels und der Anfechtung,
die Nacht der Armut und Flucht,
die Nacht der Einsamkeit und Verlassenheit,
die Nacht der Krankheit und Schmerzen,
die Nacht des bitteren Todes.

Bleibe bei uns und bei all deinen Gläubigen
in Zeit und Ewigkeit. Amen.

John Henry Newman

Mitten wir im Leben sind mit dem Tod umfangen.
Wer ist, der uns Hilfe bringt, dass wir Gnad erlangen?
Das bist du, Herr, alleine.
Uns reuet unsre Missetat,
die dich, Herr, erzürnet hat.
Heiliger Herre Gott,
heiliger starker Gott,
heiliger barmherziger Heiland,
du ewiger Gott,
lass uns nicht versinken in des bittern Todes Not.
Kyrie eleison.

Martin Luther

Texte aus der christlichen Tradition

Hier fängt die enge Pforte an. Das muss ein jeder erwägen und darüber fröhlich werden. Denn sie ist wohl eng, aber nicht lang. Es geht hier zu, wie wenn ein Kind aus der kleinen Wohnung in seiner Mutter Leib mit Gefahr und Ängsten in diesen weiten Himmel und diese weite Erde geboren wird. So geht der Mensch durch die enge Pforte des Todes aus diesem Leben. Und obwohl die Welt, in der wir jetzt leben, groß und weit scheint, ist sie doch gegen den zukünftigen Himmel viel enger und kleiner als der Mutter Leib gegen den Himmel, den wir heute sehen. Darum heißt das Sterben der Christen eine »neue Geburt«. Aber der enge Gang des Todes macht, dass uns dieses Leben weit und jenes eng erscheint. Christus sagt: Eine Frau, wenn sie gebiert, hat Angst. Wenn sie aber genesen ist, denkt sie nicht mehr an die Angst, weil der Mensch in die Welt geboren ist. So muss man auch in der Angst des Sterbens erwägen, dass danach ein weiter Raum und große Freude sein wird.

Martin Luther

Wir müssen uns vormalen lassen und ins Herz bilden, wenn man uns unter die Erde scharrt, dass es nicht heißen muss gestorben und verdorben, sondern gesät und gepflanzt und dass wir aufgehen und wachsen sollen in einem neuen, unvergänglichen und ungebrechlichen Leben und Wesen. Wir müssen eine neue Rede und Sprache lernen, von Tod und Grab zu reden, wenn wir sterben, dass es nicht gestorben heißt, sondern auf den zukünftigen Sommer gesät, und dass der Kirchhof nicht ein Totenhaufe heißt, sondern ein Acker voll Körnlein, nämlich Gottes Körnlein, die jetzt sollen wieder hervorgrünen und wachsen, schöner als ein Mensch begreifen kann. Es geht nicht um eine menschliche, irdische Sprache, sondern eine göttliche und himmlische.

Martin Luther

Nun sich das Herz von allem löste

Nun sich das Herz von allem löste,
was es an Glück und Gut umschließt,
komm, Tröster, Heiliger Geist, und tröste,
der du aus Gottes Herzen fließt.

Nun sich das Herz in alles findet,
was ihm an Schwerem auferlegt,
komm, Heiland, der uns mild verbindet,
die Wunden heilt, uns trägt und pflegt.

Nun sich das Herz zu dir erhoben
und nur von dir gehalten weiß,
bleib bei uns, Vater. Und zum Loben
wird unser Klagen. Dir zum Preis!

Jochen Klepper

Auf der Durchreise

Ein Tourist darf in einem Kloster bei Kartäusermönchen übernachten. Er ist erstaunt über die spartanische Einrichtung ihrer Zellen und fragt einen Bruder: »Wo habt Ihr Eure Möbel?« Schlagfertig fragt der Mönch zurück: »Ja, wo haben Sie denn Ihre?« »Meine?«, erwidert darauf der Tourist verblüfft. »Ich bin ja nur auf der Durchreise hier!« »Eben«, antwortet der Mönch, »das sind wir auch.«

Quelle unbekannt

Eine Legende aus dem Mittelalter

Eine Legende aus dem Mittelalter berichtet, wie Gott einmal Erbarmen hatte mit einem Menschen, der sich über sein zu schweres Kreuz beklagte. Er führte ihn in einen Raum, wo alle Kreuze der Menschen aufgestellt waren und sagte ihm: »Wähle!« Der Mensch machte sich auf die Suche. Da sah er ein ganz dünnes, aber dafür war es länger und größer. Er sah ein ganz kleines, aber als er es aufheben wollte, war es schwer wie Blei. Dann sah er eins, das gefiel ihm, und er legte es auf seine Schultern. Doch da merkte er, wie das Kreuz gerade an der Stelle, wo es auf der Schulter auflag, eine scharfe Spitze hatte, die ihm wie ein Dorn ins Fleisch drang. So hatte jedes Kreuz etwas Unangenehmes. Und als er alle Kreuze durchgesehen hatte, hatte er immer noch nichts Passendes gefunden. Dann entdeckte er eins, das hatte er übersehen, so versteckt stand es. Das war nicht zu schwer, nicht zu leicht, so richtig handlich, wie geschaffen für ihn. Dieses Kreuz wollte er in Zukunft tragen. Aber als er näher hinschaute, da merkte er, dass es sein Kreuz war, das er bisher getragen hatte.

Quelle unbekannt

Ostermorgen

Dunkel ist des Grabes Nacht,
doch der heiligen Wunden Strahlen
brechen durch des Steines Schwere,
heben leicht und schwebend ihn beiseite;
aus des Grabes Dunkel steigt empor
hoch der lichtverklärte, glanzumstrahlte,
neu erstandne Leib des Menschensohnes.

Leise tritt er aus der Höhle
in die stille, morgenstille Dämmerungsfrühe.
Leichter Nebel deckt die Erde;
tief durchleuchtet wird er jetzt
von weißem Schimmer –
und der Heiland schreitet durch das Schweigen
der vom Schlafe neu erwachten Erde.

Unter seiner heiligen Füße Tritt
erblühen lichte, nie geschaute Blüten –
Und wo leise sein Gewand den Boden rühret,
leuchtet in smaragdnem Schimmer auf die Flur.

Und von seinen Händen strömt der Segen
über Feld und Au in vollen, klaren Fluten –
und im Morgentau der Gnadenfülle
strahlend jubelt die Natur dem Auferstandenen,
als er stille zu den Menschen wandelt.

Edith Stein

Aus einer Predigt des Meister Eckhart über den Tod

Man liest von den heiligen Märtyrern, deren man heute gedenkt, dass sie durch das Schwert gestorben sind. Unser Herr sprach zu seinen Jüngern: »Selig seid ihr, so ihr etwas leidet um meines Namens willen.« Nun sagt die Schrift von diesen Märtyrern, dass sie um Christi Namen willen den Tod gelitten haben und durch das Schwert umgebracht worden sind. Hier sollen wir drei Dinge merken. Das erste, dass sie tot sind. Was man in dieser Welt leidet, das endet. Sankt Augustin spricht: Alle Pein und alle Werke der Pein, das nimmt alles ein Ende, und der Lohn ist ewig.

Das zweite, das wir betrachten sollen, dass dies ganze Leben tödlich ist, dass wir alle Pein und alle Mühsal, die uns zustößt, nicht fürchten sollen, denn es nimmt ein Ende.

Das dritte, dass wir uns verhalten, als wären wir tot, dass uns nichts trübe, nicht Freude noch Leid noch alle Qual. Es sagt ein Meister: Den Himmel kann nichts berühren. Das meint, der Mensch ist ein himmlischer Mensch, dem alle Dinge nicht so viel sind, dass sie ihn berühren können. Es sagt ein Meister: Da doch alle Kreaturen so erbärmlich sind, woher kommt es denn, dass sie den Menschen so leicht von Gott abwenden? Die Seele ist doch in ihrem Erbärmlichsten besser als der Himmel und alle Kreaturen? Es antwortet ein Meister: Es kommt davon, dass er Gottes nicht so achtet, wie er sollte. Täte er das, es wäre fast unmöglich, dass er je abfiele. Und es ist nur eine gute Lehre, dass sich der Mensch in dieser Welt so verhalten soll, als ob er tot wäre. Sankt Gregorius sagt, niemand habe so viel Gott, als der, der im Grunde tot sei.

Die vierte Lehre ist die allerbeste. Er sagt, dass sie tot sind. Der Tod gibt ihnen ihr Wesen. Es sagt ein Meister: Die Natur zerbricht nie, ohne dass sie ein Besseres dafür gibt. Wenn das die Natur tut, wie viel mehr tut es Gott: Der zerbricht niemals, dass er nicht ein Besseres gäbe. Die Märtyrer sind tot, sie haben ein Leben verloren und haben ein Wesen empfangen. Ich bin gewiss, erkennte eine Seele das Geringste, was Wesen hat, sie wollte sich keinen Augenblick davon abkehren. Das Erbärmlichste, was man in Gott erkennt, wie wenn einer eine Blume verstünde, so wie sie ein Wesen in Gott hat, das stünde höher als die ganze Welt. Das Erbärmlichste, das in Gott ist, wie es Wesen ist, ist besser, als wenn einer einen Engel erkennte. Und dies sollte der

Mensch leidenschaftlich begehren und betrachten, dass das Wesen so hoch steht. Wir preisen den Tod in Gott, auf dass er uns in ein Wesen wandle, das besser ist als ein Leben; ein Wesen, darin unser Wesen lebt, wo unser Leben ein Wesen wird.

Der Mensch soll sich willig in den Tod vergeben und sterben, damit ihm ein besseres Leben werde. Es muss ein gar kräftiges Leben sein, in dem tote Dinge lebendig werden, in dem selbst der Tod ein Leben wird. Bei Gott stirbt nichts: Alle Dinge werden in ihm lebendig. Sie sind tot [spricht die Schrift von den Märtyrern] und sind in ein ewiges Leben versetzt, in das Leben, wo das Leben ein Wesen ist. Man soll im Grunde tot sein, dass uns nicht Freude noch Leid berühre. Wir bitten drum unsern lieben Herrgott, er möge uns helfen aus einem Leben, das geteilt ist, in ein Leben, das eins geworden ist. Das walte Gott. Amen.

Meister Eckhart

Gedanken der heiligen Hildegard von Bingen über das Sterben

1. Und da der Leib zusammen mit der Seele die guten Werke hervorgebracht hat, kann die Seele, wenn sie des Leibes entbehrt, nicht zu jener Vollendung gelangen, dass sie ohne den Leib das Angesicht Gottes vollkommen sähe. Sobald sich aber der Leib und die Seele verbinden, enthüllt Gott sein Angesicht, damit die Seligen ihn auf diese Weise sehen: Denn nun sind beide (Leib und Seele) verbunden, die ja gemeinsam ihr Werk getan haben.

2. Ich aber lobe treu mit den Engeln Gott, da ich alles will, was Gottes ist. Mit dem Cherubim schreibe ich alle seine Urteile auf, die er zeigt, wie er sie in Gott sieht. Aber auch ich entscheide über alles durch die Propheten, die Weisen und die Gelehrten. Alle Reiche der Welt glänzen durch die Gerechtigkeit Gottes in mir und ich bin der Spiegel in Gott, denn ich erstrahle in allen Geboten Gottes.

3. Ich aber bin der Lufthauch, der ich alle Grünkraft nähre und die Blüten mit ihren reifenden Früchten sprießen lasse. Denn ich bin in jedem Hauch des Geistes Gottes belehrt, so dass ich die lautersten Bäche hervorquellen lasse, und zwar die Tränen aus gutem Seufzen; und aus den Tränen bringe ich durch heilige Werke Wohlgeruch hervor. Auch bin ich jener Regen, der aus dem Tau hervorquillt, durch den alle Kräuter mich anlachen in fröhlichem Leben. [...]

Ich aber wirke bei Tag und bei Nacht die Tugend der Gleichheit und der guten Tat. Ich breite meinen Mantel über den Tag und über die Nacht aus, denn ich verrichte alle guten Werke am Tag und salbe alle Schmerzen bei Nacht, und so werde ich in keiner Hinsicht angeklagt. Ich bin die liebenswürdige Freundin am Throne Gottes, und Gott verbirgt mir keinen seiner Ratschlüsse. Das königliche Brautgemach besitze ich, und alles, was Gott gehört, gehört auch mir. Und wo der Sohn Gottes die Sünden der Menschen mit Seinem Gewand abwischt, da verbinde ich die Wunden mit mildestem Linnen.

4. Ich aber sitze über den Sternen, weil mir alle Güter Gottes genügen; und ich erfreue mich am süßen Ton der Pauke, wenn ich ihm vertraue. Ich küsse die Sonne, wenn ich sie in Freude besitze, und umarme den Mond, wenn ich

ihn in Liebe halte und wenn alles, was aus ihnen wächst, mir genügt. Und warum sollte ich ja noch mehr wünschen als was ich brauche? Da ich ja allem Barmherzigkeit entgegenbringe, ist mein Gewand aus weißer Seide; und da ich weich gegenüber allen Interessen bin, schmücken kostbare Edelsteine mein Gewand. So lebe ich im Haus des Königs, und es fehlt mir an nichts, wonach ich mich sehne. Ich halte mit dem König Mahl, denn ich bin die Tochter des Königs.

5. Ich aber rufe zu Gott und empfange seine Antwort; und ich bitte ihn, und er gibt mir in seiner Güte, was ich möchte; ich suche bei ihm und ich finde. Denn ich bin die ehrfurchtsvolle Freude und schlage die Zither vor Gott, indem ich alle meine Werke in ihn lege; so sitze ich wegen der treuen Hoffnung, die ich auf ihn setze, in seinem Schoß.

Hildegard von Bingen

Texte aus der christlichen Tradition

Gedanken der heiligen Mechthild von Magdeburg über das Sterben

Wenn ich sterben soll, nehme ich von allen, die ich verlasse, also Urlaub: –

Ich nehme Urlaub von der heiligen Christenheit und danke Gott darum, dass ich Christ hieß und zum Glauben kam. Bliebe ich länger hier, so wollte ich mich mühen, der Christenheit, die in mancher Hand Sünde liegt, beizustehen.

Ich nehme Urlaub von allen armen Seelen, die nun im Fegefeuer sind. Bliebe ich länger hier, ich wollte Euch gern Eure Schuld zahlen helfen. Ich danke Gott darum, dass Er Euch Gnade geben wird.

Ich nehme Urlaub von allen, so in der Hölle sind, und danke Gott darum, dass Er Seine Gerechtigkeit an ihnen übt. Bliebe ich hier, wahrlich! ich wollte ihnen nichts Gutes wünschen.

Ich nehme Urlaub von allen Sündern, die in Todsünden liegen. Ich danke Gott darum, dass ich ihr Geselle nicht bin, aber ihre Bürde wollte ich gerne tragen, so ich hier bliebe.

Ich nehme Urlaub von allen die bereuend Buße tun. Ich danke Gott darum, dass ich ihr Geselle bin. Bliebe ich länger hier, ich müsste sie liebhaben.

Ich nehme Urlaub von allen meinen Feinden. Ich danke Gott darum, dass ich nicht überwunden von ihnen bin. Bliebe ich länger hier, ich wollte mich unter ihre Füße legen.

Ich nehme Urlaub von allen Dingen dieser Erde. Ich klage Gott, dass ich ihrer nie nach Seinem heiligen Gesetze genoss.

Ich nehme Urlaub von allen meinen lieben Freunden. Ich danke Gott und ihnen darum, dass sie meinen Nöten beigestanden haben. Bliebe ich länger hier, ich müsste mich fürder meiner bösen Tugend schämen, die sie an mir erkennten.

Ich nehme Urlaub von meiner Bösheit, von aller meiner Bösheit. Ich klage Gott, dass ich Seine heilige Gabe an meiner Seele also verderbt habe; Er hat meiner Seele viele Gebresten erkannt, und wie sie ihr Schaden getan haben, ob sie nun gleich umgekehrt ist.

Ich nehme Urlaub von meinem leidenden Leibe. Ich danke Gott darum, dass Er mich mancherorten vor mancher Hand Sünde bewahrt hat. Bliebe ich länger hier: seine Bösheit ist so mannigfalt, ich würde ihm auch fürder nicht recht hold.

Mechthild von Magdeburg

Herr, wie du willst

Herr, wie du willst, soll mir geschehn,
und wie du willst, so will ich gehen.
Hilf deinen Willen nur verstehn!

Herr, wann du willst, dann ist es Zeit,
und wann du willst, bin ich bereit,
heut und in alle Ewigkeit.

Herr, was du willst, das nehm ich hin,
und was du willst, ist mir Gewinn,
genug, dass ich dein eigen bin.

Herr, weil du's willst, drum ist es gut,
und weil du's willst, drum hab ich Mut.
Mein Herz in deinen Händen ruht.

Pater Rupert Mayer

Ohne Vorbehalt und ohne Sorgen
Leg ich meinen Tag in Deine Hand.
Sei mein Heute, sei mein Morgen,
Sei mein Gestern, das ich überwand.

Frag mich nicht nach meinen Sehnsuchtswegen,
Bin aus Deinem Mosaik ein Stein.
Wirst mich an die rechte Stelle legen,
Deinen Händen bette ich mich ein.

Edith Stein

Sieh nicht in das Grab,
sieh nicht hinter das Grab.
Vor dem Grabe stehe ich.
Sieh mich an, sagt Jesus,
denn ich bin die Auferstehung und das Leben!

Martin Kähler

Texte aus der christlichen Tradition

Sonnengesang

Höchster, allmächtiger, guter Herr,
dein sind das Lob, die Herrlichkeit und Ehre und jeglicher Segen.
Dir allein, Höchster, gebühren sie,
und kein Mensch ist würdig, dich zu nennen.

Gelobt seist du, mein Herr,
mit allen deinen Geschöpfen,
zumal dem Herrn Bruder Sonne,
welcher der Tag ist und durch den du uns leuchtest.
Und schön ist er und strahlend mit großem Glanz:
Von dir, Höchster, ein Sinnbild.

Gelobt seist du, mein Herr,
durch Schwester Mond und die Sterne;
am Himmel hast du sie gebildet,
klar und kostbar und schön.

Gelobt seist du, mein Herr,
durch Bruder Wind und durch Luft und Wolken
und heiteres und jegliches Wetter,
durch das du deinen Geschöpfen Unterhalt gibst.

Gelobt seist du, mein Herr,
durch Schwester Wasser,
gar nützlich ist es und demütig und kostbar und keusch.

Gelobt seist du, mein Herr,
durch Bruder Feuer,
durch das du die Nacht erleuchtest;
und schön ist es und fröhlich und kraftvoll und stark.

Gelobt seist du, mein Herr,
durch unsere Schwester, Mutter Erde,
die uns erhält und lenkt
und vielfältige Früchte hervorbringt
und bunte Blumen und Kräuter.

Gelobt seist du, mein Herr,
durch jene, die verzeihen um deiner Liebe willen
und Krankheit ertragen und Drangsal.
Selig jene, die solches ertragen in Frieden,
denn von dir, Höchster, werden sie gekrönt.

Gelobt seist du, mein Herr,
durch unsere Schwester, den leiblichen Tod;
ihm kann kein Mensch lebend entrinnen.
Wehe jenen, die in tödlicher Sünde sterben.
Selig jene, die er findet in deinem heiligsten Willen,
denn der zweite Tod wird ihnen kein Leid antun.

Lobt und preist meinen Herrn
und dankt ihm und dient ihm mit großer Demut.

Franziskus von Assisi

Texte aus der christlichen Tradition

Tertullian schreibt über die Geduld beim Tod eines Menschen

Nicht einmal jene Art von Ungeduld, die durch den Verlust unserer Angehörigen herbeigeführt wird, wo dem Schmerz eine Art Recht zur Seite steht, lässt sich verteidigen. Denn man muss der Rücksicht auf den Befehl des Apostels den Vorzug geben, der sagt:»Betrübet euch nicht beim Hinscheiden von irgend jemand wie die Heiden, welche keine Hoffnung haben« (1 Thess 4,12). Und mit Recht. Denn indem wir an die Auferstehung Christi glauben, glauben wir, um derentwillen er gestorben und auferstanden ist, auch an unsere Auferstehung. Da für uns also die Auferstehung der Toten eine feststehende Sache ist, so ist für den Schmerz über den Tod kein Platz mehr, ebenso wenig für die Ungeduld in Ertragung des Schmerzes, Warum solltest du es mit Ungeduld ertragen, dass dir vorläufig eine Person entrissen sei, von der du glaubst, dass sie zurückkehren werde? Was du für Sterben hältst, ist nur ein Verreisen. Wer vorausgegangen ist, den darf man nicht betrauern, sondern höchstens nach ihm verlangen. Auch dieses Verlangen muss durch die Geduld gemildert werden. Warum wolltest du den Hingang derer, denen du bald nachfolgen wirst, nicht mit Mäßigung ertragen? Im Übrigen ist Ungeduld in dergleichen Dingen auch ein schlechtes Zeichen für unsere eigene Hoffnung sowie eine Abirrung vom Glauben. Sogar Christum selbst beleidigen wir, wenn wir die von ihm Abberufenen beklagen zu müssen glauben und ihren Verlust nicht mit Ruhe ertragen.»Ich wünsche«, sagt der Apostel, »aufgenommen zu werden und bei Christus zu sein« (Phil 1,28). Er hält uns einen ganz andern Gegenstand des Begehrens vor! Sind wir nun traurig und ungeduldig, wenn andere ihre Wünsche erreicht haben, dann haben wir selbst den Wunsch nicht, sie zu erreichen.

Tertullian

Der heilige Augustinus schreibt über seinen Schmerz beim Tod eines Freundes

Doch wozu sage ich das alles? Jetzt ist nicht die Zeit zu fragen, sondern dir zu bekennen. Ich war elend, und elend ist jegliche Seele, die von der Liebe zu irdischen Dingen gefesselt, durch ihren Verlust zerrissen wird und dann erst das Elend fühlt, in dem es doch schon vor dem Verluste schmachtete. So war damals mein Zustand, ich weinte bitterlich und suchte in Bitterkeit Ruhe. Trotz meines Unglückes aber war mir mein damaliges elendes Leben doch lieber als mein Freund. Denn wenn ich auch es anders gewünscht hätte, so hätte ich es doch nicht lieber als den Freund verloren. Ja vielleicht hätte ich es nicht einmal für ihn hingeben wollen, so wie es von Orestes und Pylades erzählt wird (wenn anders die Geschichte wahr ist), die füreinander oder gleichzeitig sterben wollten, da ihnen, voneinander getrennt zu leben, herber als der Tod dünkte. Aber in mir herrschten merkwürdige, ganz entgegengesetzte Stimmungen: ärgster Überdruss am Leben, stärkste Furcht vor dem Tode. Ich glaube, je mehr ich meinen Freund liebte, desto mehr hasste und fürchtete ich den Tod, welcher mir ihn geraubt hatte, als meinen grimmigsten Feind und meinte, er würde nun mit einem Male alle Menschen wegraffen, weil er das an ihm vermochte. So war – ich erinnere mich dessen – ganz und gar meine Stimmung. Siehe mein Herz, o mein Gott, schaue in sein Inneres; deshalb richte, meine Hoffnung, die du mich reinigst von so unreinen Neigungen, deine Augen auf mich und löse »meine Füße aus der Schlinge« (Ps 24,15). Ich wunderte mich, dass die übrigen Menschen noch lebten, da der gestorben war, den ich geliebt hatte, als ob er nie sterben würde; mehr noch wunderte ich mich, dass ich nach dem Tode desjenigen leben konnte, dessen anderes Ich ich war. Treffend hat jemand seinen Freund »die Hälfte seiner Seele« (Hor. Carm. I 3,8) genannt. Denn ich hatte die Empfindung, dass meine und seine Seele nur eine in zwei Körpern gewesen seien, und deshalb war mir das Leben zum Greuel, weil ich es nicht halb leben wollte, und wiederum fürchtete ich mich zu sterben, damit nicht jener ganz sterbe, den ich so sehr geliebt hatte.

Aurelius Augustinus

Texte aus der christlichen Tradition

Die Auferstehung Christi ist ein Vorbild unserer eigenen

Wie also Christus in der Substanz des Fleisches auferstanden ist und seinen Jüngern die Male der Nägel und die Öffnung der Seite zeigte (Joh 20,20) – das aber sind die Anzeichen des Fleisches, das von den Toten auferstand – so wird er auch uns, heißt es, auferwecken durch seine Kraft (1 Kor 6,14). Und abermals schrieb er an die Römer:»Wenn aber der Geist dessen, der Jesum von den Toten auferweckte, in euch wohnt, so wird der, welcher Christum von den Toten auferweckte, auch eure sterblichen Körper lebendig machen« (Röm 8,2). Welches sind nun die sterblichen Körper? Etwa die Seelen? Aber die Seelen sind doch unkörperlich, wenigstens im Vergleich zu den sterblichen Körpern.»Es hauchte nämlich Gott in das Angesicht des Menschen den Hauch des Lebens, und es wurde der Mensch zur lebenden Seele« (Gen 2,7). Der Hauch des Lebens aber ist unkörperlich. Was aber der Hauch des Lebens ist, das können sie nicht für sterblich ausgeben. Deswegen sagt auch David:»Und meine Seele wird ihm leben« (Ps 21,31), da ja ihre Substanz gleichsam unsterblich ist. Doch den Geist können sie auch nicht einen sterblichen Körper nennen. Was also bleibt noch übrig, das man einen sterblichen Körper nennen könnte, wenn nicht das Gebilde, d. h. das Fleisch, von dem es eben heißt, dass Gott es lebendig machen wird? Dies nämlich stirbt und löst sich auf, nicht aber die Seele oder der Geist. Denn sterben heißt, die lebendige Beweglichkeit verlieren, für immer ohne Atem, Seele und Bewusstsein bleiben und übergehen in das, woraus es entstanden ist. Das aber kann der Seele nicht zustoßen, denn sie ist der Hauch des Lebens; aber auch dem Geiste nicht, denn der Geist ist nicht zusammengesetzt, sondern einfach, kann nicht aufgelöst werden und ist selber das Leben derer, die ihn empfangen. So bleibt offenbar nur übrig, dass der Tod das Fleisch trifft, das nach dem Scheiden der Seele ohne Atem und leblos zurückbleibt und allmählich in die Erde sich auflöst, von der es genommen (Gen 3,19). Dieses also ist sterblich, und von diesem heißt es:»Er wird lebendig machen eure sterblichen Körper.« Und deswegen heißt es von dem Fleische in dem ersten Korintherbriefe:»So ist auch die Auferstehung von den Toten. Gesät wird es in Verweslichkeit, und auferstehen wird es in Unverweslichkeit« (1 Kor 14,42).»Denn was du säst«, sagt er,»wird nicht lebendig, wenn es zuvor nicht stirbt« (1 Kor 14,36).

Irenäus von Lyon

Gleichnisse in der Natur als Beweis für die Auferstehung

Erwägen wir, Geliebte, wie der Herr fortwährend uns zeigt, dass es eine künftige Auferstehung geben werde, zu deren Anfang er den Herrn Jesus Christus selbst machte, da er ihn von den Toten erweckte. Lasst uns, Geliebte, die Auferstehung betrachten, die zu seiner Zeit sich vollzieht. Tag und Nacht zeigen uns die Auferstehung; die Nacht legt sich zur Ruhe, der Tag steht auf; der Tag zieht ab, die Nacht kommt heran. Nehmen wir die Früchte! Wie und auf welche Weise wächst der Same?»Es ging aus der Sämann« und warf auf die Erde jegliches Saatkorn; alle fallen trocken und nackt zur Erde und gehen in Verwesung über; hernach erweckt sie aus der Verwesung die fürsorgliche Macht des Herrn, und aus einem wachsen viele und tragen Frucht.

Apostolische Väter
Aus: Erster Brief des Clemens an die Korinther

Texte aus der christlichen Tradition

Aus einer Predigt über die Auferstehung des Herrn

Wenn wir also, Geliebteste, das, was wir mit dem Munde bekennen, auch in unserem Herzen unwandelbar festhalten, dann nehmen wir teil am Kreuze, am Tode und am Begräbnis Christi, dann auch an seiner Auferstehung am dritten Tage. In diesem Sinne sagt der Apostel:»Wenn ihr auferstanden seid, dann suchet, was droben ist, wo Christus zur Rechten Gottes thront! Auf das, was droben ist, richtet eure Gedanken, nicht auf das, was auf Erden ist! Denn ihr seid gestorben, und euer Leben ist verborgen mit Christus in Gott. Wenn aber Christus, eure Leben, erscheinen wird, dann werdet auch ihr mit ihm erscheinen in Herrlichkeit.« Damit aber die Gläubigen erkennen, wie es ihnen möglich ist, alle irdische Lust zu meiden und sich zu himmlischer Weisheit emporzuschwingen, verheißt uns der Herr seinen Beistand mit den Worten:»Sehet, ich bin bei euch alle Tage bis zum Ende der Welt!« Nicht ohne Grund hatte der Heilige Geist durch den Mund des Isaias gesprochen: »Siehe, die Jungfrau wird empfangen und einen Sohn gebären, und man wird ihm den Namen Emanuel geben, was verdolmetscht heißt: Gott mit uns!« So erfüllt also Jesus ganz, was sein Name sagt. Er, der in den Himmel aufgefahren ist, verlässt die nicht, die er an Kindes Statt angenommen hat. Und obwohl er zur Rechten des Vaters sitzt, ist er doch auch bei allen, die zu seinem Leibe gehören. Von oben herab stärkt uns der zur Geduld, der uns nach oben zur Herrlichkeit einladet.

Leo der Große

Das Geheimnis des Kreuzes

Ich will nun vom Geheimnis des Kreuzes sprechen; denn es soll niemand einwenden:»Wenn Christus den Tod auf sich nehmen musste, warum denn einen so entehrenden und schmachvollen Tod, warum nicht einen Tod, der etwas Ehrenvolles an sich gehabt hätte?«Ich wenigstens weiß von vielen, dass sie vor dem Namen des Kreuzes zurückschaudern und darum der Wahrheit den Rücken kehren, während doch eine tiefe Bedeutung und eine große Macht im Kreuze liegt. Da Christus zu dem Zwecke gesendet war, um gerade den Geringsten den Weg zum Heile zu eröffnen, so hat er sich selbst niedrig gemacht, um die Niedrigen zu erlösen. Daher nahm er jene Art des Todes auf sich, die man über Niedrige zu verhängen pflegt, um allen die Möglichkeit der Nachahmung zu gewähren. Und da er außerdem wieder auferstehen sollte, so durfte ihm kein Teil des Leibes verstümmelt und kein Gebein zerbrochen werden, wie es bei der Hinrichtung mit dem Schwerte geschieht. So verdiente also das Kreuz den Vorzug, das den Leib ohne Verletzung der Gebeine für die Auferstehung bewahrte. Dazu kommt noch der Umstand, dass Christus nach der freiwilligen Übernahme seines Leidens und Sterbens erhöht werden sollte. So sehr hat ihn aber das Kreuz in der Wirklichkeit und Augenscheinlichkeit erhöht, dass aller Welt seine Erhabenheit und Macht zugleich mit seinem Leiden kundbar geworden ist. Denn mit der Ausbreitung der Arme am Kreuze hat er gleichsam seine Flügel nach dem Aufgang und dem Niedergang ausgestreckt, damit unter diesen Flügeln alle Völker beider Weltteile sich zur Ruhe versammelten. [...]

Laktanz

Texte aus der christlichen Tradition

V.

Texte aus der Heiligen Schrift

Ganz unterschiedliche Erfahrungen des Lebens sind in den Schriften der Bibel zu finden. Sowohl im Alten als auch im Neuen Testament finden wir Zeugnisse von Menschen, die über ihr Leben nachdenken. Auch sie kommen dem Tod nicht aus, auch sie müssen sich mit Trauer und Angst, Not und Trost beschäftigen. Das alles sind Lebenserfahrungen, die schon die Menschen vor über 2000 Jahren bewegt haben.

Doch die biblischen Schriften denken nicht nur über den Menschen als solches nach, sie setzen ihn vielmehr in einen größeren Zusammenhang. Das Nachdenken über den Menschen ist immer auch ein Nachdenken über die Beziehung zwischen Gott und den Menschen. Der Mensch ist eingebunden in den größeren Heilsplan Gottes, er ist Geschöpf und Ebenbild Gottes. In diesem engen Beziehungsverhältnis versuchen die alttestamentlichen Schriftsteller ihr Leben zu deuten.

Das Neue Testament schließlich stellt uns den Grund des christlichen Glaubens vor Augen: Die Menschwerdung Gottes in Jesus von Nazareth, sein Sterben am Kreuz und seine glorreiche Auferstehung von den Toten. Von ihr ausgehend deutet der Apostel Paulus das christliche Leben: Es bricht im Tod nicht ab, sondern neues Leben erwächst aus dem Grab, das zum Ort neuer Hoffnung wird. Denn wenn »das Weizenkorn nicht in die Erde fällt und stirbt, bleibt es allein; wenn es aber stirbt, bringt es reiche Frucht« (Joh 12,24).

Aus dem Alten Testament

Hanna betete. Sie sagte: Mein Herz ist voll Freude über den Herrn, erhöht ist meine Macht durch den Herrn. Weit öffnet sich mein Mund gegen meine Feinde; denn ich freue mich über deine Hilfe. Keiner ist heilig wie der Herr; denn außer dir ist keiner, keiner ist ein Fels wie unser Gott. Der Herr macht tot und lebendig, er führt zum Totenreich hinab und führt auch herauf. Der Herr macht arm und macht reich, er erniedrigt und er erhöht. Den Schwachen hebt er empor aus dem Staub und erhöht den Armen, der im Schmutz liegt; er gibt ihm einen Sitz bei den Edlen, einen Ehrenplatz weist er ihm zu. Ja, dem Herrn gehören die Pfeiler der Erde; auf sie hat er den Erdkreis gegründet.

1 Samuel 2,1.2.6–8

Der Mensch, vom Weib geboren, knapp an Tagen, unruhvoll, er geht wie die Blume auf und welkt, flieht wie ein Schatten und bleibt nicht bestehen. Doch über ihm hältst du dein Auge offen, mich aber bringst du ins Gericht mit dir. Doch stirbt ein Mann, so bleibt er kraftlos, verscheidet ein Mensch, wo ist er dann? Die Wasser schwinden aus dem Meer, der Strom vertrocknet und versiegt. So legt der Mensch sich hin, steht nie mehr auf; die Himmel werden vergehen, ehe er erwacht, ehe er aus seinem Schlaf geweckt wird. Dass du mich in der Unterwelt verstecktest, mich bergen wolltest, bis dein Zorn sich wendet, eine Frist mir setztest und dann an mich dächtest! Wenn einer stirbt, lebt er dann wieder auf? Alle Tage meines Kriegsdienstes harrte ich, bis einer käme, um mich abzulösen. Du riefest und ich gäbe dir Antwort, du sehntest dich nach deiner Hände Werk.

Ijob 14,1–3.10–15

Ijob ergriff das Wort und sprach: Würden meine Worte doch geschrieben, würden sie doch in ein Buch eingeritzt, mit eisernem Griffel und mit Blei, für immer gehauen in den Fels. Doch ich, ich weiß: Mein Erlöser lebt, als Letzter erhebt er sich über dem Staub. Ohne meine Haut, die so zerfetzte, und ohne mein Fleisch werde ich Gott schauen. Ihn selber werde ich dann für mich schauen; meine Augen werden ihn sehen, nicht mehr fremd. Meine Nieren verzehren sich in meinem Innern.

Ijob 19,1.23–27

Denn Gott hat den Tod nicht gemacht und hat keine Freude am Untergang der Lebenden. Zum Dasein hat er alles geschaffen und heilbringend sind die Geschöpfe der Welt. Kein Gift des Verderbens ist in ihnen, das Reich der Unterwelt hat keine Macht auf der Erde; denn die Gerechtigkeit ist unsterblich.

Weisheit 1,13–15

Die Seelen der Gerechten aber sind in Gottes Hand und keine Folter kann sie berühren. In den Augen der Toren schienen sie gestorben, ihr Heimgang galt als Unglück, ihr Scheiden von uns als Vernichtung; sie aber sind in Frieden. In den Augen der Menschen wurden sie gestraft; doch ihre Hoffnung ist voll Unsterblichkeit. Ein wenig nur werden sie gezüchtigt; doch sie empfangen große Wohltat. Denn Gott hat sie geprüft und fand sie seiner würdig. Wie Gold im Schmelzofen hat er sie erprobt und wie ein Ganzopfer sie angenommen. Zur Zeit ihrer Heimsuchung werden sie aufleuchten wie Funken, die durch ein Stoppelfeld sprühen. Sie werden Völker richten und über Nationen herrschen und der Herr wird ihr König sein in Ewigkeit. Alle, die auf ihn vertrauen, werden die Wahrheit erkennen und die Treuen werden bei ihm bleiben in Liebe. Denn Gnade und Erbarmen werden seinen Heiligen zuteil und Rettung seinen Erwählten.

Weisheit 3,1–9

Kind, wenn du herantrittst, um dem Herrn zu dienen, mach dich bereit für die Erprobung! Richte dein Herz aus und sei standhaft! Und überstürze nichts zur Zeit der Bedrängnis! Binde dich an den Herrn und lass nicht von ihm, damit du am Ende erhöht wirst! Nimm alles an, was über dich kommen mag, und in den Wechselfällen deiner Erniedrigung halt aus! Denn im Feuer wird Gold geprüft und die anerkannten Menschen im Schmelzofen der Erniedrigung. In Krankheiten und Armut setze auf ihn dein Vertrauen! Vertrau ihm und er wird sich deiner annehmen! Richte deine Wege aus und hoffe auf ihn! Die ihr den Herrn fürchtet, wartet auf sein Erbarmen! Weicht nicht ab, damit ihr nicht zu Fall kommt! Die ihr den Herrn fürchtet, vertraut ihm! Und euer Lohn wird gewiss nicht ausbleiben! Die ihr den Herrn fürchtet, hofft auf Gutes, auf dauernde Freude und Erbarmen, denn eine ewige Gabe mit Freude ist sein Lohn!

Jesus Sirach 2,1–9

Scheue nicht vor der Bestimmung zum Tod zurück! Bedenke: Es trifft die vor dir und auch die Letzten nach dir! Dies ist die Bestimmung des Herrn über alles Lebende. Warum weist du zurück, was dem Höchsten gefällt? Ob zehn oder hundert oder tausend Jahre, im Hades gibt es keine Beschwerde über das Leben. Die Trauer der Menschen gilt ihrem Leib, aber der Name der Sünder, der nicht gut ist, wird ausgelöscht. *Jesus Sirach 41,3–4.11*

Der HERR der Heerscharen wird auf diesem Berg für alle Völker ein Festmahl geben mit den feinsten Speisen, ein Gelage mit erlesenen Weinen, mit den feinsten, fetten Speisen, mit erlesenen, reinen Weinen. Er verschlingt auf diesem Berg die Hülle, die alle Völker verhüllt, und die Decke, die alle Nationen bedeckt. Er hat den Tod für immer verschlungen und GOTT, der Herr, wird die Tränen von jedem Gesicht abwischen und die Schande seines Volkes entfernt er von der ganzen Erde, denn der HERR hat gesprochen. An jenem Tag wird man sagen: Siehe, das ist unser Gott, auf ihn haben wir gehofft, dass er uns rettet. Das ist der HERR, auf ihn haben wir gehofft. Wir wollen jubeln und uns freuen über seine rettende Tat. *Jesaja 25,6.7–9*

HERR, deine Hand ist erhoben und sie schauen es nicht. Doch sie werden schauen und beschämt dastehen vor dem leidenschaftlichen Eifer für das Volk. Deine Toten werden leben, meine Leichen stehen auf. Wacht auf und jubelt, ihr Bewohner des Staubes! Denn ein Tau von Lichtern ist dein Tau und die Erde gebiert die Schatten. *Jesaja 26,11.19*

So spricht Gott, der Herr: Du aber, Israel, mein Knecht, Jakob, den ich erwählt habe, Nachkomme meines Freundes Abraham: Ich habe dich von den Enden der Erde ergriffen, aus ihrem äußersten Winkel habe ich dich gerufen. Ich habe zu dir gesagt: Du bist mein Knecht, ich habe dich erwählt und dich nicht verworfen. Fürchte dich nicht, denn ich bin mit dir; hab keine Angst, denn ich bin dein Gott! Ich habe dich stark gemacht, ja ich habe dir geholfen und dich gehalten mit meiner siegreichen Rechten.

Jesaja 41,8–10

Jetzt aber – so spricht der HERR, der dich erschaffen hat, Jakob, und der dich geformt hat, Israel: Fürchte dich nicht, denn ich habe dich ausgelöst, ich habe dich beim Namen gerufen, du gehörst mir! Wenn du durchs Wasser schreitest, bin ich bei dir, wenn durch Ströme, dann reißen sie dich nicht fort. Wenn du durchs Feuer gehst, wirst du nicht versengt, keine Flamme wird dich verbrennen. Denn ich, der HERR, bin dein Gott, ich, der Heilige Israels, bin dein Retter.

Jesaja 43,1–3a

Denn so spricht der Hohe und Erhabene, er wohnt in Ewigkeit, sein Name ist Der Heilige: Als Heiliger wohne ich in der Höhe, aber ich bin auch bei dem Zerschlagenen und dem im Geist Niedrigen, um den Geist der Niedrigen wieder aufleben zu lassen und das Herz der Zerschlagenen neu zu beleben. Ich erschaffe Frucht der Lippen. Friede, Friede dem Fernen und dem Nahen, spricht der HERR, ich werde ihn heilen.

Jesaja 57,15.19

Denn ich, ich kenne die Gedanken, die ich für euch denke – Spruch des HERRN –, Gedanken des Heils und nicht des Unheils; denn ich will euch eine Zukunft und eine Hoffnung geben. Ihr werdet mich anrufen, ihr werdet kommen und zu mir beten und ich werde euch erhören. Ihr werdet mich suchen und ihr werdet mich finden, wenn ihr nach mir fragt von ganzem Herzen. Und ich lasse mich von euch finden – Spruch des HERRN – und ich wende euer Geschick und sammle euch aus allen Völkern und von allen Orten, wohin ich euch versprengt habe – Spruch des HERRN. Ich bringe euch an den Ort zurück, von dem ich euch weggeführt habe.

Jeremia 29,11–14

Herr, du hast mich aus dem Frieden hinausgestoßen; ich habe vergessen, was Glück ist. Ich sprach: Dahin ist mein Glanz und mein Vertrauen auf den HERRN. An meine Not und Unrast denken ist Wermut und Gift. Immer denkt meine Seele daran und ist betrübt in mir. Das will ich mir zu Herzen nehmen, darauf darf ich harren: Die Huld des HERRN ist nicht erschöpft, sein

Texte aus der Heiligen Schrift

Erbarmen ist nicht zu Ende. Neu ist es an jedem Morgen; groß ist deine Treue. Mein Anteil ist der HERR, sagt meine Seele, darum harre ich auf ihn. Gut ist der HERR zu dem, der auf ihn hofft, zur Seele, die ihn sucht. Gut ist es, schweigend zu harren auf die Hilfe des HERRN.

Klagelieder 3,17–26

Die Hand des HERRN legte sich auf mich und er brachte mich im Geist des HERRN hinaus und versetzte mich mitten in die Ebene. Sie war voll von Gebeinen. Er führte mich ringsum an ihnen vorüber und siehe, es waren sehr viele über die Ebene hin; und siehe, sie waren ganz ausgetrocknet. Er fragte mich: Menschensohn, können diese Gebeine wieder lebendig werden? Ich antwortete: GOTT und Herr, du weißt es. Da sagte er zu mir: Sprich als Prophet über diese Gebeine und sag zu ihnen: Ihr ausgetrockneten Gebeine, hört das Wort des HERRN! So spricht GOTT, der Herr, zu diesen Gebeinen: Siehe, ich selbst bringe Geist in euch, dann werdet ihr lebendig. Ich gebe euch Sehnen, umgebe euch mit Fleisch und überziehe euch mit Haut; ich gebe Geist in euch, sodass ihr lebendig werdet. Dann werdet ihr erkennen, dass ich der HERR bin. Da sprach ich als Prophet, wie mir befohlen war; und noch während ich prophetisch redete, war da ein Geräusch: Und siehe, ein Beben: Die Gebeine rückten zusammen, Bein an Bein. Und als ich hinsah, siehe, da waren Sehnen auf ihnen, Fleisch umgab sie und Haut überzog sie von oben. Aber es war kein Geist in ihnen. Da sagte er zu mir: Rede als Prophet zum Geist, rede prophetisch, Menschensohn, sag zum Geist: So spricht GOTT, der Herr: Geist, komm herbei von den vier Winden! Hauch diese Erschlagenen an, damit sie lebendig werden! Da sprach ich als Prophet, wie er mir befohlen hatte, und es kam der Geist in sie. Sie wurden lebendig und sie stellten sich auf ihre Füße – ein großes, gewaltiges Heer.

Ezechiel 37,1–10

Deshalb tritt als Prophet auf und sag zu ihnen: So spricht GOTT, der Herr: Siehe, ich öffne eure Gräber und hole euch, mein Volk, aus euren Gräbern herauf. Ich bringe euch zum Ackerboden Israels. Und ihr werdet erkennen, dass ich der HERR bin, wenn ich eure Gräber öffne und euch, mein Volk, aus euren Gräbern heraufhole. Ich gebe meinen Geist in euch, dann werdet ihr lebendig und ich versetze euch wieder auf euren Ackerboden. Dann werdet ihr erkennen, dass ich der Herr bin. Ich habe gesprochen und ich führe es aus – Spruch des Herrn.

Ezechiel 37,12–14

Auf, lasst uns zum Herrn zurückkehren! Denn er hat gerissen, er wird uns auch heilen; er hat verwundet, er wird uns auch verbinden. Nach zwei Tagen gibt er uns das Leben zurück, am dritten Tag richtet er uns wieder auf und wir leben vor seinem Angesicht. Lasst uns ihn erkennen, ja lasst uns nach der Erkenntnis des Herrn jagen! Er kommt so sicher wie das Morgenrot; er kommt zu uns wie der Regen, wie der Frühjahrsregen, der die Erde tränkt.

Hosea 6,1–3

Aus den Psalmen

Der Herr ist mein Hirt, nichts wird mir fehlen. Er lässt mich lagern auf grünen Auen und führt mich zum Ruheplatz am Wasser. Meine Lebenskraft bringt er zurück. Er führt mich auf Pfaden der Gerechtigkeit, getreu seinem Namen. Auch wenn ich gehe im finsteren Tal, ich fürchte kein Unheil; denn du bist bei mir, dein Stock und dein Stab, sie trösten mich. Du deckst mir den Tisch vor den Augen meiner Feinde. Du hast mein Haupt mit Öl gesalbt, übervoll ist mein Becher. Ja, Güte und Huld werden mir folgen mein Leben lang und heimkehren werde ich ins Haus des Herrn für lange Zeiten.

Psalm 23

Der Herr ist mein Licht und mein Heil: Vor wem sollte ich mich fürchten? Der Herr ist die Zuflucht meines Lebens: Vor wem sollte mir bangen? Dringen Böse auf mich ein, um mein Fleisch zu verschlingen, meine Bedränger und Feinde; sie sind gestrauchelt und gefallen. Mag ein Heer mich belagern: Mein Herz wird nicht verzagen. Mag Krieg gegen mich toben: Ich bleibe dennoch voll Zuversicht. Eines habe ich vom Herrn erfragt, dieses erbitte ich: im Haus des Herrn zu wohnen alle Tage meines Lebens; die Freundlichkeit des Herrn zu schauen und nachzusinnen in seinem Tempel. Denn er birgt mich

Texte aus der Heiligen Schrift

in seiner Hütte am Tag des Unheils; er beschirmt mich im Versteck seines Zeltes, er hebt mich empor auf einen Felsen. Nun kann sich mein Haupt erheben über die Feinde, die mich umringen. So will ich Opfer darbringen in seinem Zelt, Opfer mit Jubel, dem Herrn will ich singen und spielen. Höre, Herr, meine Stimme, wenn ich rufe; sei mir gnädig und gib mir Antwort! Mein Herz denkt an dich: Suchet mein Angesicht! Dein Angesicht, Herr, will ich suchen. Verbirg nicht dein Angesicht vor mir; weise deinen Knecht im Zorn nicht ab! Du wurdest meine Hilfe. Verstoß mich nicht, verlass mich nicht, du Gott meines Heils! Wenn mich auch Vater und Mutter verlassen, der Herr nimmt mich auf. Weise mir, Herr, deinen Weg, leite mich auf ebener Bahn wegen meiner Feinde! Gib mich nicht meinen gierigen Gegnern preis; denn falsche Zeugen standen gegen mich auf und wüten! Ich aber bin gewiss, zu schauen die Güte des Herrn im Land der Lebenden. Hoffe auf den Herrn, sei stark und fest sei dein Herz! Und hoffe auf den Herrn!   *Psalm 27*

Wie der Hirsch lechzt nach frischem Wasser, so lechzt meine Seele, nach dir, Gott. Meine Seele dürstet nach Gott, nach dem lebendigen Gott. Wann darf ich kommen und erscheinen vor Gottes Angesicht? Meine Tränen sind mir Brot geworden bei Tag und bei Nacht; man sagt zu mir den ganzen Tag: Wo ist dein Gott? Ich denke daran und schütte vor mir meine Seele aus: Ich will in einer Schar einherziehn. Ich will in ihr zum Haus Gottes schreiten, im Schall von Jubel und Dank in festlich wogender Menge. Was bist du bedrückt, meine Seele, und was ächzt du in mir? Harre auf Gott; denn ich werde ihm noch danken für die Rettung in seinem Angesicht. Bedrückt ist meine Seele in mir, darum gedenke ich deiner im Jordanland, am Hermon, am Berg Mizar. Flut ruft der Flut zu beim Tosen deiner stürzenden Wasser, all deine Wellen und Wogen zogen über mich hin. Bei Tag entbietet der Herr seine Huld und in der Nacht ist sein Lied bei mir, ein Gebet zum Gott meines Lebens. Sagen will ich zu Gott, meinem Fels: Warum hast du mich vergessen? Warum muss ich trauernd einhergehn, von meinem Feind unterdrückt? Es trifft mich zu Tode in meinen Gebeinen, dass meine Bedränger mich verhöhnen, da sie den ganzen Tag zu mir sagen: Wo ist dein Gott? Was bist du bedrückt, meine Seele, und was ächzt du in mir? Harre auf Gott; denn ich werde ihm noch danken, der Rettung meines Angesichts und meinem Gott.

Psalm 42

Preise den HERRN, meine Seele, und alles in mir seinen heiligen Namen! Preise den HERRN, meine Seele, und vergiss nicht, was er dir Gutes getan hat! Der dir all deine Schuld vergibt und all deine Gebrechen heilt, der dein Leben vor dem Untergang rettet und dich mit Huld und Erbarmen krönt, der dich dein Leben lang mit Gaben sättigt, wie dem Adler wird dir die Jugend erneuert. Der HERR vollbringt Taten des Heils, Recht verschafft er allen Bedrängten. Er hat Mose seine Wege kundgetan, den Kindern Israels seine Werke. Der HERR ist barmherzig und gnädig, langmütig und reich an Huld. Er wird nicht immer rechten und nicht ewig trägt er nach. Er handelt an uns nicht nach unsern Sünden und vergilt uns nicht nach unsrer Schuld. Denn so hoch der Himmel über der Erde ist, so mächtig ist seine Huld über denen, die ihn fürchten. So weit der Aufgang entfernt ist vom Untergang, so weit entfernt er von uns unsere Frevel. Wie ein Vater sich seiner Kinder erbarmt, so erbarmt sich der HERR über alle, die ihn fürchten. Denn er weiß, was wir für Gebilde sind, er bedenkt, dass wir Staub sind. Wie Gras sind die Tage des Menschen, er blüht wie die Blume des Feldes. Fährt der Wind darüber, ist sie dahin; der Ort, wo sie stand, weiß nichts mehr von ihr. Doch die Huld des HERRN währt immer und ewig für alle, die ihn fürchten. Seine Gerechtigkeit erfahren noch Kinder und Enkel, alle, die seinen Bund bewahren, die seiner Befehle gedenken und danach handeln. Der HERR hat seinen Thron errichtet im Himmel, seine königliche Macht beherrscht das All. Preist den HERRN, ihr seine Engel, ihr starken Helden, die sein Wort vollstrecken, die auf die Stimme seines Wortes hören! Preist den HERRN, all seine Heerscharen, seine Diener, die seinen Willen tun! Preist den HERRN, all seine Werke, an jedem Ort seiner Herrschaft! Preise den HERRN, meine Seele!

Psalm 103

Ich liebe den HERRN; denn er hört meine Stimme, mein Flehen um Gnade. Ja, er hat sein Ohr mir zugeneigt, alle meine Tage will ich zu ihm rufen. Mich umfingen Fesseln des Todes, Bedrängnisse der Unterwelt haben mich getroffen, Bedrängnis und Kummer treffen mich. Ich rief den Namen des HERRN: Ach HERR, rette mein Leben! Gnädig ist der HERR und gerecht, unser Gott erbarmt sich. Arglose behütet der HERR. Ich war schwach, er hat mich gerettet. Komm wieder zur Ruhe, meine Seele, denn der HERR hat dir Gutes erwiesen. Ja, du hast mein Leben dem Tod entrissen, mein Auge den Tränen, meinen Fuß dem Straucheln. So gehe ich meinen Weg vor dem HERRN im Land der Lebenden. Ich glaube – auch wenn ich sagen muss: Ich bin tief erniedrigt! Ich sagte in meiner Bestürzung: Alle Menschen sind Lügner. Wie kann ich dem HERRN vergelten all das Gute, das er mir erwiesen? Den Becher des Heils will ich erheben. Ausrufen will ich den Namen des HERRN. Meine Gelübde will ich dem HERRN erfüllen in Gegenwart seines ganzen Volks. Kostbar ist in den Augen des HERRN der Tod seiner Frommen. Ach HERR, ich bin doch dein Knecht, dein Knecht bin ich, der Sohn deiner Magd! Gelöst hast du meine Fesseln. Ich will dir ein Opfer des Dankes bringen, ausrufen will ich den Namen des HERRN. Meine Gelübde will ich dem HERRN erfüllen in Gegenwart seines ganzen Volks, in den Höfen des Hauses des HERRN, in deiner Mitte, Jerusalem. Halleluja!

Psalm 116

Ich freute mich, als man mir sagte: Zum Haus des HERRN wollen wir gehen. Schon stehen unsere Füße in deinen Toren, Jerusalem: Jerusalem, als Stadt erbaut, die fest in sich gefügt ist. Dorthin zogen die Stämme hinauf, die Stämme des HERRN, wie es Gebot ist für Israel, den Namen des HERRN zu preisen. Denn dort standen Throne für das Gericht, die Throne des Hauses David. Erbittet Frieden für Jerusalem! Geborgen seien, die dich lieben. Friede sei in deinen Mauern, Geborgenheit in deinen Häusern! Wegen meiner Brüder und meiner Freunde will ich sagen: In dir sei Friede. Wegen des Hauses des HERRN, unseres Gottes, will ich dir Glück erflehen.

Psalm 122

Aus dem Neuen Testament

Da trat Petrus auf, zusammen mit den Elf; er erhob seine Stimme und begann zu reden: Ihr Juden und alle Bewohner von Jerusalem! Dies sollt ihr wissen, achtet auf meine Worte! Jesus, den Nazoräer, einen Mann, den Gott vor euch beglaubigt hat durch Machttaten, Wunder und Zeichen, die er durch ihn in eurer Mitte getan hat, wie ihr selbst wisst – ihn, der nach Gottes beschlossenem Willen und Vorauswissen hingegeben wurde, habt ihr durch die Hand von Gesetzlosen ans Kreuz geschlagen und umgebracht. Gott aber hat ihn von den Wehen des Todes befreit und auferweckt; denn es war unmöglich, dass er vom Tod festgehalten wurde. David nämlich sagt über ihn: Ich hatte den Herrn beständig vor Augen. Denn er steht mir zur Rechten, dass ich nicht wanke. Darum freute sich mein Herz und frohlockte meine Zunge und auch mein Leib wird in Hoffnung wohnen; denn du gibst meine Seele nicht der Unterwelt preis, noch lässt du deinen Frommen die Verwesung schauen. Du hast mir die Wege zum Leben gezeigt, du wirst mich erfüllen mit Freude vor deinem Angesicht.

Apostelgeschichte 2,14.22–28

In Joppe lebte eine Jüngerin namens Tabita, das heißt übersetzt: Dorkas – Gazelle. Sie tat viele gute Taten und gab reichlich Almosen. Es geschah aber: In jenen Tagen wurde sie krank und starb. Man wusch sie und bahrte sie im Obergemach auf. Weil aber Lydda nahe bei Joppe liegt und die Jünger hörten, dass Petrus dort war, schickten sie zwei Männer zu ihm und ließen ihn bitten: Komm zu uns, zögere nicht! Da stand Petrus auf und ging mit ihnen. Als er ankam, führten sie ihn in das Obergemach hinauf; alle Witwen traten zu ihm, sie weinten und zeigten ihm die Röcke und Mäntel, die Dorkas gemacht hatte, als sie noch bei ihnen war. Petrus aber schickte alle hinaus, kniete nieder und betete. Dann wandte er sich zu dem Leichnam und sagte: Tabita, steh auf! Da öffnete sie ihre Augen, sah Petrus an und setzte sich auf. Er gab ihr die Hand und ließ sie aufstehen; dann rief er die Heiligen und die Witwen und zeigte ihnen, dass sie wieder lebte. Das wurde in ganz Joppe bekannt und viele kamen zum Glauben an den Herrn.

Apostelgeschichte 9,36–42

Da begann Petrus zu reden und sagte: Wahrhaftig, jetzt begreife ich, dass Gott nicht auf die Person sieht, sondern dass ihm in jedem Volk willkommen ist, wer ihn fürchtet und tut, was recht ist. Er hat das Wort den Israeliten gesandt, indem er den Frieden verkündete durch Jesus Christus: Dieser ist der Herr aller. Ihr wisst, was im ganzen Land der Juden geschehen ist, angefangen in Galiläa, nach der Taufe, die Johannes verkündet hat: wie Gott Jesus von Nazaret gesalbt hat mit dem Heiligen Geist und mit Kraft, wie dieser umherzog, Gutes tat und alle heilte, die in der Gewalt des Teufels waren; denn

Gott war mit ihm. Und wir sind Zeugen für alles, was er im Land der Juden und in Jerusalem getan hat. Ihn haben sie an den Pfahl gehängt und getötet. Gott aber hat ihn am dritten Tag auferweckt und hat ihn erscheinen lassen, zwar nicht dem ganzen Volk, wohl aber den von Gott vorherbestimmten Zeugen: uns, die wir mit ihm nach seiner Auferstehung von den Toten gegessen und getrunken haben. Und er hat uns geboten, dem Volk zu verkünden und zu bezeugen: Dieser ist der von Gott eingesetzte Richter der Lebenden und der Toten. Von ihm bezeugen alle Propheten, dass jeder, der an ihn glaubt, durch seinen Namen die Vergebung der Sünden empfängt.

Apostelgeschichte 10,34–43

Da stellte sich Paulus in die Mitte des Areopags und sagte: Athener, der Gott, der die Welt erschaffen hat und alles in ihr, er, der Herr über Himmel und Erde, wohnt nicht in Tempeln, die von Menschenhand gemacht sind. Er lässt sich auch nicht von Menschenhänden dienen, als ob er etwas brauche, er, der allen das Leben, den Atem und alles gibt. Er hat aus einem einzigen Menschen das ganze Menschengeschlecht erschaffen, damit es die ganze Erde bewohne. Er hat für sie bestimmte Zeiten und die Grenzen ihrer Wohnsitze festgesetzt. Sie sollten Gott suchen, ob sie ihn ertasten und finden könnten; denn keinem von uns ist er fern. Denn in ihm leben wir, bewegen wir uns und sind wir; wie auch einige von euren Dichtern gesagt haben: Wir sind von seinem Geschlecht. Da wir also von Gottes Geschlecht sind, dürfen wir nicht meinen, das Göttliche sei wie ein goldenes oder silbernes oder steinernes Gebilde menschlicher Kunst und Erfindung. Gott, der über die Zeiten der Unwissenheit hinweggesehen hat, gebietet jetzt den Menschen, dass überall alle umkehren sollen. Denn er hat einen Tag festgesetzt, an dem er den Erdkreis in Gerechtigkeit richten wird, durch einen Mann, den er dazu bestimmt und vor allen Menschen dadurch ausgewiesen hat, dass er ihn von den Toten auferweckte.

Apostelgeschichte 17,22a.24–31

Die Hoffnung aber lässt nicht zugrunde gehen; denn die Liebe Gottes ist ausgegossen in unsere Herzen durch den Heiligen Geist, der uns gegeben ist. Denn Christus ist, als wir noch schwach waren, für die zu dieser Zeit noch

Gottlosen gestorben. Dabei wird nur schwerlich jemand für einen Gerechten sterben; vielleicht wird er jedoch für einen guten Menschen sein Leben wagen. Gott aber erweist seine Liebe zu uns darin, dass Christus für uns gestorben ist, als wir noch Sünder waren. Nachdem wir jetzt durch sein Blut gerecht gemacht sind, werden wir durch ihn erst recht vor dem Zorn gerettet werden. Da wir mit Gott versöhnt wurden durch den Tod seines Sohnes, als wir noch Gottes Feinde waren, werden wir erst recht, nachdem wir versöhnt sind, gerettet werden durch sein Leben. Mehr noch, ebenso rühmen wir uns Gottes durch Jesus Christus, unseren Herrn, durch den wir jetzt schon die Versöhnung empfangen haben. *Römer 5,5–11*

Wie durch einen einzigen Menschen die Sünde in die Welt kam und durch die Sünde der Tod und auf diese Weise der Tod zu allen Menschen gelangte, weil alle sündigten. Denn ist durch die Übertretung des einen der Tod zur Herrschaft gekommen, durch diesen einen, so werden erst recht diejenigen, denen die Gnade und die Gabe der Gerechtigkeit reichlich zuteilwurde, im Leben herrschen durch den einen, Jesus Christus. Wie es also durch die Übertretung eines Einzigen für alle Menschen zur Verurteilung kam, so kommt es auch durch die gerechte Tat eines Einzigen für alle Menschen zur Gerechtsprechung, die Leben schenkt. Denn wie durch den Ungehorsam des einen Menschen die vielen zu Sündern gemacht worden sind, so werden auch durch den Gehorsam des einen die vielen zu Gerechten gemacht werden. Das Gesetz aber ist dazwischen hineingekommen, damit die Übertretung mächtiger werde; wo jedoch die Sünde mächtig wurde, da ist die Gnade übergroß geworden, damit, wie die Sünde durch den Tod herrschte, so auch die Gnade herrsche durch Gerechtigkeit zum ewigen Leben, durch Jesus Christus, unseren Herrn. *Römer 5,12.17–21*

Wisst ihr denn nicht, dass wir, die wir auf Christus Jesus getauft wurden, auf seinen Tod getauft worden sind? Wir wurden ja mit ihm begraben durch die Taufe auf den Tod, damit auch wir, so wie Christus durch die Herrlichkeit des Vaters von den Toten auferweckt wurde, in der Wirklichkeit des neuen Lebens wandeln. Wenn wir nämlich mit der Gestalt seines Todes verbunden wurden, dann werden wir es auch mit der seiner Auferstehung sein. Wir wissen doch:

Texte aus der Heiligen Schrift

Unser alter Mensch wurde mitgekreuzigt, damit der von der Sünde beherrschte Leib vernichtet werde, sodass wir nicht mehr Sklaven der Sünde sind. Denn wer gestorben ist, der ist frei geworden von der Sünde. Sind wir nun mit Christus gestorben, so glauben wir, dass wir auch mit ihm leben werden. Wir wissen, dass Christus, von den Toten auferweckt, nicht mehr stirbt; der Tod hat keine Macht mehr über ihn.

Römer 6,3–9

Denn die sich vom Geist Gottes leiten lassen, sind Kinder Gottes. Denn ihr habt nicht einen Geist der Knechtschaft empfangen, sodass ihr immer noch Furcht haben müsstet, sondern ihr habt den Geist der Kindschaft empfangen, in dem wir rufen: Abba, Vater! Der Geist selber bezeugt unserem Geist, dass wir Kinder Gottes sind. Sind wir aber Kinder, dann auch Erben; Erben Gottes und Miterben Christi, wenn wir mit ihm leiden, um mit ihm auch verherrlicht zu werden. Ich bin nämlich überzeugt, dass die Leiden der gegenwärtigen Zeit nichts bedeuten im Vergleich zu der Herrlichkeit, die an uns offenbar werden soll. Denn die Schöpfung wartet sehnsüchtig auf das Offenbarwerden der Söhne Gottes. Gewiss, die Schöpfung ist der Nichtigkeit unterworfen, nicht aus eigenem Willen, sondern durch den, der sie unterworfen hat, auf Hoffnung hin: Denn auch sie, die Schöpfung, soll von der Knechtschaft der Vergänglichkeit befreit werden zur Freiheit und Herrlichkeit der Kinder Gottes. Denn wir wissen, dass die gesamte Schöpfung bis zum heutigen Tag seufzt und in Geburtswehen liegt. Aber nicht nur das, sondern auch wir, obwohl wir als Erstlingsgabe den Geist haben, auch wir seufzen in unserem Herzen und warten darauf, dass wir mit der Erlösung unseres Leibes als Söhne offenbar werden.

Römer 8,14–23

Denn keiner von uns lebt sich selber und keiner stirbt sich selber: Leben wir, so leben wir dem Herrn, sterben wir, so sterben wir dem Herrn. Ob wir leben oder ob wir sterben, wir gehören dem Herrn. Denn Christus ist gestorben und lebendig geworden, um Herr zu sein über Tote und Lebende. Du aber, was richtest du deinen Bruder? Und du, was verachtest du deinen Bruder? Wir werden doch alle vor dem Richterstuhl Gottes stehen. Denn es steht geschrieben: So wahr ich lebe, spricht der Herr, vor mir wird jedes Knie sich beugen und jede Zunge wird Gott preisen. Also wird jeder von uns vor Gott Rechenschaft über sich selbst ablegen.

Römer 14,7–12

Nun aber ist Christus von den Toten auferweckt worden als der Erste der Entschlafenen. Da nämlich durch einen Menschen der Tod gekommen ist, kommt durch einen Menschen auch die Auferstehung der Toten. Denn wie in Adam alle sterben, so werden in Christus alle lebendig gemacht werden. Es gibt aber eine bestimmte Reihenfolge: Erster ist Christus; dann folgen, wenn Christus kommt, alle, die zu ihm gehören. Danach kommt das Ende, wenn er jede Macht, Gewalt und Kraft entmachtet hat und seine Herrschaft Gott, dem Vater, übergibt. Denn er muss herrschen, bis Gott ihm alle Feinde unter seine Füße gelegt hat. Der letzte Feind, der entmachtet wird, ist der Tod. Denn: Alles hat er seinen Füßen unterworfen. Wenn es aber heißt, alles sei unterworfen, ist offenbar der ausgenommen, der ihm alles unterwirft. Wenn ihm dann alles unterworfen ist, wird auch er, der Sohn, sich dem unterwerfen, der ihm alles unterworfen hat, damit Gott alles in allem sei.

1 Korinther 15,20–28

Den Schatz der Erkenntnis des göttlichen Glanzes auf dem Antlitz Christi tragen wir in zerbrechlichen Gefäßen; so wird deutlich, dass das Übermaß der Kraft von Gott und nicht von uns kommt. Von allen Seiten werden wir in die Enge getrieben und finden doch noch Raum; wir wissen weder aus noch ein und verzweifeln dennoch nicht; wir werden gehetzt und sind doch nicht verlassen; wir werden niedergestreckt und doch nicht vernichtet. Immer tragen wir das Todesleiden Jesu an unserem Leib, damit auch das Leben Jesu an unserem Leib sichtbar wird. Denn immer werden wir, obgleich wir leben, um Jesu willen dem Tod ausgeliefert, damit auch das Leben Jesu an unserem sterblichen Fleisch offenbar wird.

2 Korinther 4,7–11

Gott aber, der reich ist an Erbarmen, hat uns, die wir infolge unserer Sünden tot waren, in seiner großen Liebe, mit der er uns geliebt hat, zusammen mit Christus lebendig gemacht. Aus Gnade seid ihr gerettet. Er hat uns mit Christus Jesus auferweckt und uns zusammen mit ihm einen Platz in den himmlischen Bereichen gegeben, um in den kommenden Zeiten den überfließenden Reichtum seiner Gnade zu zeigen, in Güte an uns durch Christus Jesus. Denn aus Gnade seid ihr durch den Glauben gerettet, nicht aus eigener Kraft – Gott hat es geschenkt.

Epheser 2,4–8

Denn ich erwarte und hoffe, dass ich in keiner Hinsicht beschämt werde, dass vielmehr Christus in aller Öffentlichkeit – wie immer, so auch jetzt – verherrlicht werden wird in meinem Leibe, ob ich lebe oder sterbe. Denn für mich ist Christus das Leben und Sterben Gewinn.

Philipper 1,20–21

Denn unsere Heimat ist im Himmel. Von dorther erwarten wir auch Jesus Christus, den Herrn, als Retter, der unseren armseligen Leib verwandeln wird in die Gestalt seines verherrlichten Leibes, in der Kraft, mit der er sich auch alles unterwerfen kann.

Philipper 3,20–21

Seid ihr nun mit Christus auferweckt, so strebt nach dem, was oben ist, wo Christus zur Rechten Gottes sitzt! Richtet euren Sinn auf das, was oben ist, nicht auf das Irdische! Denn ihr seid gestorben und euer Leben ist mit Christus verborgen in Gott. Wenn Christus, unser Leben, offenbar wird, dann werdet auch ihr mit ihm offenbar werden in Herrlichkeit.

Kolosser 3,1–4

Brüder und Schwestern, wir wollen euch über die Entschlafenen nicht in Unkenntnis lassen, damit ihr nicht trauert wie die anderen, die keine Hoffnung haben. Denn wenn wir glauben, dass Jesus gestorben und auferstanden ist, so wird Gott die Entschlafenen durch Jesus in die Gemeinschaft mit ihm führen. Denn dies sagen wir euch nach einem Wort des Herrn: Wir, die Lebenden, die noch übrig sind bei der Ankunft des Herrn, werden den Entschlafenen nichts voraushaben. Denn der Herr selbst wird vom Himmel herabkommen, wenn der Befehl ergeht, der Erzengel ruft und die Posaune Gottes erschallt. Zuerst werden die in Christus Verstorbenen auferstehen; dann werden wir, die Lebenden, die noch übrig sind, zugleich mit ihnen auf den Wolken in die Luft entrückt zur Begegnung mit dem Herrn. Dann werden wir immer beim Herrn sein. Tröstet also einander mit diesen Worten!

1 Thessalonicher 4,13–18

Gepriesen sei der Gott und Vater unseres Herrn Jesus Christus: Er hat uns in seinem großen Erbarmen neu gezeugt zu einer lebendigen Hoffnung durch die Auferstehung Jesu Christi von den Toten, zu einem unzerstörbaren, makellosen und unvergänglichen Erbe, das im Himmel für euch aufbewahrt ist. Gottes Kraft behütet euch durch den Glauben, damit ihr die Rettung erlangt, die am Ende der Zeit offenbart werden soll. Deshalb seid ihr voll Freude, wenn es für kurze Zeit jetzt sein muss, dass ihr durch mancherlei Prüfungen betrübt werdet. Dadurch soll sich eure Standfestigkeit im Glauben, die kostbarer ist als Gold, das im Feuer geprüft wurde und doch vergänglich ist, herausstellen – zu Lob, Herrlichkeit und Ehre bei der Offenbarung Jesu Christi. Ihn habt ihr nicht gesehen und dennoch liebt ihr ihn; ihr seht ihn auch jetzt nicht; aber ihr glaubt an ihn und jubelt in unaussprechlicher und von Herrlichkeit erfüllter Freude, da ihr das Ziel eures Glaubens empfangen werdet: eure Rettung.

1 Petrus 1,3–9

Seht, welche Liebe uns der Vater geschenkt hat: Wir heißen Kinder Gottes und wir sind es. Deshalb erkennt die Welt uns nicht, weil sie ihn nicht erkannt hat. Geliebte, jetzt sind wir Kinder Gottes. Doch ist noch nicht offenbar geworden, was wir sein werden. Wir wissen, dass wir ihm ähnlich sein werden, wenn er offenbar wird; denn wir werden ihn sehen, wie er ist.

1 Johannes 3,1–2

Texte aus der Heiligen Schrift

Und ich hörte eine Stimme vom Himmel her rufen: Schreibe: Selig die Toten, die im Herrn sterben, von jetzt an; ja, spricht der Geist, sie sollen aus-
ruhen von ihren Mühen; denn ihre Taten folgen ihnen nach.

Offenbarung 14,13

Dann sah ich einen neuen Himmel und eine neue Erde; denn der erste Himmel und die erste Erde sind vergangen, auch das Meer ist nicht mehr. Ich sah
die heilige Stadt, das neue Jerusalem, von Gott her aus dem Himmel herabkommen; sie war bereit wie eine Braut, die sich für ihren Mann geschmückt
hat. Da hörte ich eine laute Stimme vom Thron her rufen: Seht, die Wohnung Gottes unter den Menschen! Er wird in ihrer Mitte wohnen und sie werden sein Volk sein; und er, Gott, wird bei ihnen sein. Er wird alle Tränen von
ihren Augen abwischen: Der Tod wird nicht mehr sein, keine Trauer, keine
Klage, keine Mühsal. Denn was früher war, ist vergangen. Er, der auf dem
Thron saß, sprach: Seht, ich mache alles neu. Und er sagte: Schreib es auf,
denn diese Worte sind zuverlässig und wahr! Er sagte zu mir: Sie sind geschehen. Ich bin das Alpha und das Omega, der Anfang und das Ende. Wer durs-
tig ist, den werde ich unentgeltlich aus der Quelle trinken lassen, aus der das
Wasser des Lebens strömt. Wer siegt, wird dies als Anteil erhalten: Ich werde
sein Gott sein und er wird mein Sohn sein.

Offenbarung 21,1–7

Aus den Evangelien

Als Jesus die vielen Menschen sah, stieg er auf den Berg. Er setzte sich und
seine Jünger traten zu ihm. Und er öffnete seinen Mund, er lehrte sie und
sprach: Selig, die arm sind vor Gott; denn ihnen gehört das Himmelreich.
Selig die Trauernden; denn sie werden getröstet werden. Selig die Sanftmüti-
gen; denn sie werden das Land erben. Selig, die hungern und dürsten nach
der Gerechtigkeit; denn sie werden gesättigt werden. Selig die Barmherzigen;
denn sie werden Erbarmen finden. Selig, die rein sind im Herzen; denn sie
werden Gott schauen. Selig, die Frieden stiften; denn sie werden Kinder Gottes genannt werden. Selig, die verfolgt werden um der Gerechtigkeit willen;
denn ihnen gehört das Himmelreich. Selig seid ihr, wenn man euch schmäht

und verfolgt und alles Böse über euch redet um meinetwillen. Freut euch und jubelt: Denn euer Lohn wird groß sein im Himmel. *Matthäus 5,1–12a*

Dann wird es mit dem Himmelreich sein wie mit zehn Jungfrauen, die ihre Lampen nahmen und dem Bräutigam entgegengingen. Fünf von ihnen waren töricht und fünf waren klug. Die Törichten nahmen ihre Lampen mit, aber kein Öl, die Klugen aber nahmen mit ihren Lampen noch Öl in Krügen mit. Als nun der Bräutigam lange nicht kam, wurden sie alle müde und schliefen ein. Mitten in der Nacht aber erscholl der Ruf: Siehe, der Bräutigam! Geht ihm entgegen! Da standen die Jungfrauen alle auf und machten ihre Lampen zurecht. Die törichten aber sagten zu den klugen: Gebt uns von eurem Öl, sonst gehen unsere Lampen aus! Die Klugen erwiderten ihnen: Dann reicht es nicht für uns und für euch; geht lieber zu den Händlern und kauft es euch! Während sie noch unterwegs waren, um es zu kaufen, kam der Bräutigam. Die Jungfrauen, die bereit waren, gingen mit ihm in den Hochzeitssaal und die Tür wurde zugeschlossen. Später kamen auch die anderen Jungfrauen und riefen: Herr, Herr, mach uns auf! Er aber antwortete ihnen und sprach: Amen, ich sage euch: Ich kenne euch nicht. Seid also wachsam! Denn ihr wisst weder den Tag noch die Stunde. *Matthäus 25,1–13*

Nach dem Sabbat, beim Anbruch des ersten Tages der Woche, kamen Maria aus Magdala und die andere Maria, um nach dem Grab zu sehen. Und siehe, es geschah ein gewaltiges Erdbeben; denn ein Engel des Herrn kam vom Himmel herab, trat an das Grab, wälzte den Stein weg und setzte sich darauf. Sein Aussehen war wie ein Blitz und sein Gewand weiß wie Schnee. Aus Furcht vor ihm erbebten die Wächter und waren wie tot. Der Engel aber sagte zu den Frauen: Fürchtet euch nicht! Ich weiß, ihr sucht Jesus, den Gekreuzigten. Er ist nicht hier; denn er ist auferstanden, wie er gesagt hat. Kommt her und seht euch den Ort an, wo er lag! Dann geht schnell zu seinen Jüngern und sagt ihnen: Er ist von den Toten auferstanden und siehe, er geht euch voraus nach Galiläa, dort werdet ihr ihn sehen. Siehe, ich habe es euch gesagt. Sogleich verließen sie das Grab voll Furcht und großer Freude und sie eilten zu seinen Jüngern, um ihnen die Botschaft zu verkünden. *Matthäus 28,1–8*

Jesus fuhr wieder ans andere Ufer hinüber und eine große Menschenmenge versammelte sich um ihn. Während er noch am See war, kam einer der Synagogenvorsteher namens Jaïrus zu ihm. Als er Jesus sah, fiel er ihm zu Füßen und flehte ihn um Hilfe an; er sagte: Meine Tochter liegt im Sterben. Komm und leg ihr die Hände auf, damit sie geheilt wird und am Leben bleibt! Da ging Jesus mit ihm. Viele Menschen folgten ihm und drängten sich um ihn. Während Jesus noch redete, kamen Leute, die zum Haus des Synagogenvorstehers gehörten, und sagten: Deine Tochter ist gestorben. Warum bemühst du den Meister noch länger? Jesus, der diese Worte gehört hatte, sagte zu dem Synagogenvorsteher: Fürchte dich nicht! Glaube nur! Und er ließ keinen mitkommen außer Petrus, Jakobus und Johannes, den Bruder des Jakobus. Sie gingen zum Haus des Synagogenvorstehers. Als Jesus den Tumult sah und wie sie heftig weinten und klagten, trat er ein und sagte zu ihnen: Warum schreit und weint ihr? Das Kind ist nicht gestorben, es schläft nur. Da lachten sie ihn aus. Er aber warf alle hinaus und nahm den Vater des Kindes und die Mutter und die, die mit ihm waren, und ging in den Raum, in dem das Kind lag. Er fasste das Kind an der Hand und sagte zu ihm: Talita kum!, das heißt übersetzt: Mädchen, ich sage dir, steh auf! Sofort stand das Mädchen auf und ging umher. Es war zwölf Jahre alt. Die Leute waren ganz fassungslos vor Entsetzen. Doch er schärfte ihnen ein, niemand dürfe etwas davon erfahren; dann sagte er, man solle dem Mädchen etwas zu essen geben.

Markus 5,21–24.35–43

Von den Sadduzäern, die behaupten, es gebe keine Auferstehung, kamen einige zu Jesus und fragten ihn: Meister, Mose hat uns vorgeschrieben: Wenn ein Mann, der einen Bruder hat, stirbt und eine Frau hinterlässt, aber kein Kind, dann soll sein Bruder die Frau nehmen und seinem Bruder Nachkommen verschaffen. Es lebten einmal sieben Brüder. Der erste nahm sich eine Frau, und als er starb, hinterließ er keine Nachkommen. Da nahm sie der zweite; auch er starb, ohne Nachkommen zu hinterlassen, und ebenso der dritte. Keiner der sieben hatte Nachkommen. Als letzte von allen starb die Frau. Wessen Frau wird sie nun bei der Auferstehung sein? Alle sieben haben sie doch zur Frau gehabt. Jesus sagte zu ihnen: Ihr irrt euch, ihr kennt weder die Schrift noch die Macht Gottes. Wenn nämlich die Menschen von den Toten auferstehen, heiraten sie nicht, noch lassen sie sich heiraten, sondern sind wie Engel im Himmel. Dass aber die Toten auferstehen, habt ihr das nicht im Buch des Mose gelesen, in der Geschichte vom Dornbusch, in der Gott zu Mose spricht: Ich bin der Gott Abrahams, der Gott Isaaks und der Gott Jakobs? Er ist kein Gott von Toten, sondern von Lebenden. Ihr irrt euch sehr.

Markus 12,18–27

Als die sechste Stunde kam, brach eine Finsternis über das ganze Land herein – bis zur neunten Stunde. Und in der neunten Stunde schrie Jesus mit lauter Stimme: Eloï, Eloï, lema sabachtani?, das heißt übersetzt: Mein Gott, mein Gott, warum hast du mich verlassen? Einige von denen, die dabeistanden und es hörten, sagten: Hört, er ruft nach Elija! Einer lief hin, tauchte einen Schwamm in Essig, steckte ihn auf ein Rohr und gab Jesus zu trinken. Dabei sagte er: Lasst, wir wollen sehen, ob Elija kommt und ihn herabnimmt. Jesus aber schrie mit lauter Stimme. Dann hauchte er den Geist aus. Da riss der Vorhang im Tempel in zwei Teile von oben bis unten. Als der Hauptmann, der Jesus gegenüberstand, ihn auf diese Weise sterben sah, sagte er: Wahrhaftig, dieser Mensch war Gottes Sohn. Auch einige Frauen sahen von Weitem zu, darunter Maria aus Magdala, Maria, die Mutter von Jakobus dem Kleinen und Joses, sowie Salome; sie waren Jesus schon in Galiläa nachgefolgt und hatten ihm gedient. Noch viele andere Frauen waren dabei, die mit ihm nach Jerusalem hinaufgezogen waren.

Da es Rüsttag war, der Tag vor dem Sabbat, und es schon Abend wurde, ging Josef von Arimathäa, ein vornehmes Mitglied des Hohen Rats, der auch auf das Reich Gottes wartete, zu Pilatus und wagte es, um den Leichnam Jesu zu bitten. Pilatus war überrascht, als er hörte, dass Jesus schon tot sei. Er ließ den Hauptmann kommen und fragte ihn, ob Jesus bereits gestorben sei. Als er es vom Hauptmann erfahren hatte, überließ er Josef den Leichnam. Josef kaufte ein Leinentuch, nahm Jesus vom Kreuz, wickelte ihn in das Tuch und legte ihn in ein Grab, das in einen Felsen gehauen war. Dann wälzte er einen Stein vor den Eingang des Grabes. Maria aus Magdala aber und Maria, die Mutter des Joses, beobachteten, wohin er gelegt wurde.

Markus 15,33–47

Texte aus der Heiligen Schrift

Und es geschah danach, dass er in eine Stadt namens Naïn kam; seine Jünger und eine große Volksmenge folgten ihm. Als er in die Nähe des Stadttors kam, siehe, da trug man einen Toten heraus. Es war der einzige Sohn seiner Mutter, einer Witwe. Und viele Leute aus der Stadt begleiteten sie. Als der Herr die Frau sah, hatte er Mitleid mit ihr und sagte zu ihr: Weine nicht! Und er trat heran und berührte die Bahre. Die Träger blieben stehen und er sagte: Jüngling, ich sage dir: Steh auf! Da setzte sich der Tote auf und begann zu sprechen und Jesus gab ihn seiner Mutter zurück. Alle wurden von Furcht ergriffen; sie priesen Gott und sagten: Ein großer Prophet ist unter uns erweckt worden: Gott hat sein Volk heimgesucht. Und diese Kunde über ihn verbreitete sich überall in Judäa und im ganzen Gebiet ringsum.

Lukas 7,11–17

Eure Hüften sollen gegürtet sein und eure Lampen brennen! Seid wie Menschen, die auf ihren Herrn warten, der von einer Hochzeit zurückkehrt, damit sie ihm sogleich öffnen, wenn er kommt und anklopft! Selig die Knechte, die der Herr wach findet, wenn er kommt! Amen, ich sage euch: Er wird sich gürten, sie am Tisch Platz nehmen lassen und sie der Reihe nach bedienen. Und kommt er erst in der zweiten oder dritten Nachtwache und findet sie wach – selig sind sie. Bedenkt: Wenn der Herr des Hauses wüsste, in welcher Stunde der Dieb kommt, so würde er verhindern, dass man in sein Haus einbricht. Haltet auch ihr euch bereit! Denn der Menschensohn kommt zu einer Stunde, in der ihr es nicht erwartet.

Lukas 12,35–40

Und siehe, am gleichen Tag waren zwei von den Jüngern auf dem Weg in ein Dorf namens Emmaus, das sechzig Stadien von Jerusalem entfernt ist. Sie sprachen miteinander über all das, was sich ereignet hatte. Und es geschah, während sie redeten und ihre Gedanken austauschten, kam Jesus selbst hinzu und ging mit ihnen. Doch ihre Augen waren gehalten, sodass sie ihn nicht erkannten. Er fragte sie: Was sind das für Dinge, über die ihr auf eurem Weg miteinander redet? Da blieben sie traurig stehen und der eine von ihnen – er hieß Kleopas – antwortete ihm: Bist du so fremd in Jerusalem, dass du als Einziger nicht weißt, was in diesen Tagen dort geschehen ist? Er fragte sie: Was denn? Sie antworteten ihm: Das mit Jesus aus Nazaret. Er war ein Prophet, mächtig in Tat und Wort vor Gott und dem ganzen Volk. Doch unsere Hohepriester und Führer haben ihn zum Tod verurteilen und ans Kreuz schlagen lassen. Wir aber hatten gehofft, dass er der sei, der Israel erlösen werde. Und dazu ist heute schon der dritte Tag, seitdem das alles geschehen ist. Doch auch einige Frauen aus unserem Kreis haben uns in große Aufregung versetzt. Sie waren in der Frühe beim Grab, fanden aber seinen Leichnam nicht. Als sie zurückkamen, erzählten sie, es seien ihnen Engel erschienen und hätten gesagt, er lebe. Einige von uns gingen dann zum Grab und fanden alles so, wie die Frauen gesagt hatten; ihn selbst aber sahen sie nicht. Da sagte er zu ihnen: Ihr Unverständigen, deren Herz zu träge ist, um alles zu glauben, was die Propheten gesagt haben. Musste nicht der Christus das erleiden und so in seine Herrlichkeit gelangen? Und er legte ihnen dar, ausgehend von Mose und allen Propheten, was in der gesamten Schrift über ihn geschrieben steht. So erreichten sie das Dorf, zu dem sie unterwegs waren. Jesus tat, als wolle er weitergehen, aber sie drängten ihn und sagten: Bleibe bei uns; denn es wird Abend, der Tag hat sich schon geneigt! Da ging er mit hinein, um bei ihnen zu bleiben. Und es geschah, als er mit ihnen bei Tisch war, nahm er das Brot, sprach den Lobpreis, brach es und gab es ihnen. Da wurden ihre Augen aufgetan und sie erkannten ihn; und er entschwand ihren Blicken. Und sie sagten zueinander: Brannte nicht unser Herz in uns, als er unterwegs mit uns redete und uns den Sinn der Schriften eröffnete? Noch in derselben Stunde brachen sie auf und kehrten nach Jerusalem zurück und sie fanden die Elf und die mit ihnen versammelt waren. Diese sagten: Der Herr ist wirklich auferstanden und ist dem Simon erschienen. Da erzählten auch sie, was sie unterwegs erlebt und wie sie ihn erkannt hatten, als er das Brot brach.

Lukas 24,13–35

Und wie Mose die Schlange in der Wüste erhöht hat, so muss der Menschensohn erhöht werden, damit jeder, der glaubt, in ihm ewiges Leben hat. Denn Gott hat die Welt so sehr geliebt, dass er seinen einzigen Sohn hingab, damit jeder, der an ihn glaubt, nicht verloren geht, sondern ewiges Leben hat. Denn Gott hat seinen Sohn nicht in die Welt gesandt, damit er die Welt richtet, sondern damit die Welt durch ihn gerettet wird.

Johannes 3,14–17

Texte aus der Heiligen Schrift

Ich bin der gute Hirt; ich kenne die Meinen und die Meinen kennen mich, wie mich der Vater kennt und ich den Vater kenne; und ich gebe mein Leben hin für die Schafe. Meine Schafe hören auf meine Stimme; ich kenne sie und sie folgen mir. Ich gebe ihnen ewiges Leben. Sie werden niemals zugrunde gehen und niemand wird sie meiner Hand entreißen. Mein Vater, der sie mir gab, ist größer als alle und niemand kann sie der Hand meines Vaters entreißen. *Johannes 10,14–15.27.29*

Als Maria dorthin kam, wo Jesus war, und ihn sah, fiel sie ihm zu Füßen und sagte zu ihm: Herr, wärst du hier gewesen, dann wäre mein Bruder nicht gestorben. Als Jesus sah, wie sie weinte und wie auch die Juden weinten, die mit ihr gekommen waren, war er im Innersten erregt und erschüttert. Er sagte: Wo habt ihr ihn bestattet? Sie sagten zu ihm: Herr, komm und sieh! Da weinte Jesus. Die Juden sagten: Seht, wie lieb er ihn hatte! Einige aber sagten: Wenn er dem Blinden die Augen geöffnet hat, hätte er dann nicht auch verhindern können, dass dieser hier starb? Da wurde Jesus wiederum innerlich erregt und er ging zum Grab. Es war eine Höhle, die mit einem Stein verschlossen war. Jesus sagte: Nehmt den Stein weg! Marta, die Schwester des Verstorbenen, sagte zu ihm: Herr, er riecht aber schon, denn es ist bereits der vierte Tag. Jesus sagte zu ihr: Habe ich dir nicht gesagt: Wenn du glaubst, wirst du die Herrlichkeit Gottes sehen? Da nahmen sie den Stein weg. Jesus aber erhob seine Augen und sprach: Vater, ich danke dir, dass du mich erhört hast. Ich wusste, dass du mich immer erhörst; aber wegen der Menge, die um mich herumsteht, habe ich es gesagt, damit sie glauben, dass du mich gesandt hast. Nachdem er dies gesagt hatte, rief er mit lauter Stimme: Lazarus, komm heraus! Da kam der Verstorbene heraus; seine Füße und Hände waren mit Binden umwickelt und sein Gesicht war mit einem Schweißtuch verhüllt. Jesus sagte zu ihnen: Löst ihm die Binden und lasst ihn weggehen! Viele der Juden, die zu Maria gekommen waren und gesehen hatten, was Jesus getan hatte, kamen zum Glauben an ihn. *Johannes 11,32–45*

Die Stunde ist gekommen, dass der Menschensohn verherrlicht wird. Amen, amen, ich sage euch: Wenn das Weizenkorn nicht in die Erde fällt und stirbt, bleibt es allein; wenn es aber stirbt, bringt es reiche Frucht. Wer sein Leben liebt, verliert es; wer aber sein Leben in dieser Welt gering achtet, wird es bewahren bis ins ewige Leben. Wenn einer mir dienen will, folge er mir nach; und wo ich bin, dort wird auch mein Diener sein. Wenn einer mir dient, wird der Vater ihn ehren. Jetzt ist meine Seele erschüttert. Was soll ich sagen: Vater, rette mich aus dieser Stunde? Aber deshalb bin ich in diese Stunde gekommen. Vater, verherrliche deinen Namen! Da kam eine Stimme vom Himmel: Ich habe ihn schon verherrlicht und werde ihn wieder verherrlichen.

Johannes 12,23–28

Euer Herz lasse sich nicht verwirren. Glaubt an Gott und glaubt an mich! Im Haus meines Vaters gibt es viele Wohnungen. Wenn es nicht so wäre, hätte ich euch dann gesagt: Ich gehe, um einen Platz für euch vorzubereiten? Wenn ich gegangen bin und einen Platz für euch vorbereitet habe, komme ich wieder und werde euch zu mir holen, damit auch ihr dort seid, wo ich bin. Und wohin ich gehe – den Weg dorthin kennt ihr. Thomas sagte zu ihm: Herr, wir wissen nicht, wohin du gehst. Wie können wir dann den Weg kennen? Jesus sagte zu ihm: Ich bin der Weg und die Wahrheit und das Leben; niemand kommt zum Vater außer durch mich.

Johannes 14,1–6

Thomas, der Didymus genannt wurde, einer der Zwölf, war nicht bei ihnen, als Jesus kam. Die anderen Jünger sagten zu ihm: Wir haben den Herrn gesehen. Er entgegnete ihnen: Wenn ich nicht das Mal der Nägel an seinen Händen sehe und wenn ich meinen Finger nicht in das Mal der Nägel und meine Hand nicht in seine Seite lege, glaube ich nicht. Acht Tage darauf waren seine Jünger wieder drinnen versammelt und Thomas war dabei. Da kam Jesus bei verschlossenen Türen, trat in ihre Mitte und sagte: Friede sei mit euch! Dann sagte er zu Thomas: Streck deinen Finger hierher aus und sieh meine Hände! Streck deine Hand aus und leg sie in meine Seite und sei nicht ungläubig, sondern gläubig! Thomas antwortete und sagte zu ihm: Mein Herr und mein Gott! Jesus sagte zu ihm: Weil du mich gesehen hast, glaubst du. Selig sind, die nicht sehen und doch glauben.

Johannes 20,24–29

Texte aus der Heiligen Schrift

VI.
Modelle für Traueransprachen

Es ist nicht immer einfach, beim Tod eines Menschen die richtigen Worte zu finden. Bei der Trauerfeier steht man als pastoraler Mitarbeiter vor einer schweren Aufgabe: Einerseits soll man den Trauernden Trost zusprechen und das Leben des Verstorbenen würdigen, andererseits ist es aber auch wichtig, die christliche Botschaft zu vermitteln, das Sterben des Menschen als Eingang in Gottes Leben und Liebe zu deuten.

Die hier vorliegenden Modelle für Traueransprachen wollen eine Anregung sein, wie man beides vielleicht zusammenbringen kann. Sie müssen allerdings auf die jeweilige Situation hin angepasst und überarbeitet werden. Denn jeder Mensch, den man verabschiedet, hat seine je eigene Geschichte und seine eigene Glaubensbiografie. Wo es angebracht erscheint, kann man daher auch den Lebenslauf des Verstorbenen in die Ansprache integrieren. Dazu ist eine umfassende Überarbeitung der hier vorgeschlagenen Modelle unerlässlich.

Traueransprache I

Von Gott beim Namen gerufen
(Lesung: Jes 43,1–3a; Evangelium: Joh 11,32–45)

Werte Trauergemeinde, liebe Schwestern und Brüder!

Unser Name begleitet uns Menschen – von der Geburt bis hin zum Sterben. Bereits vor der Geburt überlegen die Eltern, welchen Namen sie ihrem Kind geben; oft gelten Namen von Eltern oder Großeltern als Vorbilder. Und wenn einer unseren Namen ruft, dann drehen wir uns automatisch um und schauen, wer uns da ruft. Der Name ist amtlich beim Einwohnermeldeamt, im Stammbuch und im Personalausweis festgelegt. Er ist einer der wenigen Eintragungen, die wir nicht willkürlich verändern können, wie z. B. den Wohnort oder unser Aussehen. Für den Glauben hat der Name einen viel höheren Stellenwert: wenige Tage oder Wochen nach der Geburt werden die Kinder im Namen des dreifaltigen Gottes getauft. Der Namenstag steht ja im religiösen Sinne auch höher als der Geburtstag.

Auch *unser Verstorbener N. N.* wurde noch am Tag seiner Geburt hier in der Kirche zu *N.* auf den Namen des dreieinigen Gottes getauft. *Sein* Name hat ihn *sein* ganzes Leben lang begleitet; unzählige Male haben *ihn* Menschen mit *seinem* Namen gerufen; wie oft *er* wichtige Dokumente mit *seinem* Namen unterschrieben hat, können wir nicht zählen. Sie, werte Angehörige, haben aber mit *N. N.* nicht nur einen Namen verloren, sondern einen geliebten Menschen. Täglich lesen wir in der Zeitung die Namen vieler Menschen, die gestorben sind. Doch wir denken uns dabei eigentlich nie besonders viel; die Gefühle der Familien bleiben uns viel zu oft verborgen. Und doch wissen wir eben genau, dass hinter jedem Namen die Geschichte eines geliebten Menschen steht, der seine Spuren in dieser Welt hinterlassen hat – so auch Ihr *Ehemann, Vater und Opa.*

In der Lesung aus dem Buch Jesaja haben wir eben gehört: »Fürchte dich nicht, denn ich habe dich erlöst; ich habe dich bei deinem Namen gerufen: Mein bist du.« Und im Evangelium haben wir gehört, wie Jesus zu seinem toten Freund Lazarus hingeht, ihn bei seinem Namen zu neuem, zu ewigem Leben herausruft. Jemanden beim Namen rufen, das ist also nicht nur für uns Menschen wichtig und bedeutsam, sondern eben und ganz besonders auch für Gott. *N. N.* wurde auf *seinen* Namen getauft und in *seiner* Taufe untrennbar mit Gott verbunden. Diese Verbindung geht bis über den Tod hinaus, das wollen uns diese beiden Texte aus der Heiligen Schrift sagen. Gott ruft uns Menschen nicht nur im Leben, sondern auch vom Tod zum Leben! Wer im Tod von Gott beim Namen gerufen wird, der wird zum Leben gerufen, der ist nicht mehr länger tot, er wird vielmehr in Gottes Herrlichkeit und Leben gerufen. Von Gott in seinen Himmel gerufen – so können wir den Tod von *N. N.* verstehen und ihn im Glauben deuten. Wer durch die Taufe mit Gott verbunden ist, den lässt er nicht fallen, den lässt er im Tod nicht los. Dieser persönliche Ruf Gottes galt *unserem Verstorbenen N. N.*; aber er gilt auch immer wieder in unserem eigenen Leben, wenn wir Angst vor Tod und Sterben, vor Vergehen und Verwelken haben. Der gute und liebende Gott führt uns durch unser ganzes Leben und auch und ganz besonders durch den Tod ins neue Leben.

Traueransprache II

Mitten im Tod dem Auferstandenen begegnen
(Lesung: Apg 10,34a.37–43; Evangelium: Joh 20,19–31)

Manche bezeichnen den Apostel Thomas als den »ungläubigen Thomas«. Doch nur, weil er nicht dabei ist, als der Auferstandene am Ostertag den Aposteln erscheint und mit ihnen Mahl hält. Thomas ist kein Zweifler, er will sich nur selbst davon überzeugen, dass Jesus lebt. Er will seine eigene Hand in die Seitenwunde des Herrn legen. Er will mit seinen eigenen Ohren die Stimme Jesu hören. Er will ihn mit seinen eigenen Augen sehen; mit seinen eigenen Fingern berühren. Thomas will dem auferstandenen Herrn mit seinen eigenen Sinnen begegnen.

Wir glauben und hoffen, dass auch *unser Verstorbener N. N.* im Tod dem auferstandenen Herrn begegnen durfte. Auch *er* durfte ihn mit *seinen* eigenen Sinnen erfahren; berühren, sehen, hören. Und auch wir, liebe Schwestern und Brüder, dürfen dem Herrn jetzt in dieser Stunde begegnen. Freilich, diese Begegnung mit Jesus ist anders als damals, anders als *N. N.* ihm im Tod begegnet ist. Schauen wir uns im Kirchenraum um: die Kirche ist mit bunten *Blumen* dekoriert. Sie sind ein Zeichen dafür, dass die Kirche nichts Abgestorbenes ist, sondern gerade im Leben aufblüht. Auch das Weizenkorn Jesus Christus ist nicht nur in die Erde gefallen und gestorben, sondern aufgeblüht und hat reichlich Frucht gebracht. Dafür sind diese Blumen ein Zeichen. Am Taufstein brennt heute die *Osterkerze*: sie ist das Zeichen für den Auferstandenen schlechthin. In der Osternacht wird sie in die dunkle Kirche gebracht und erhellt mit ihrem Licht die finstere Nacht. So wie sie hat auch Jesus Christus die letzte Finsternis des Todes hell gemacht und ihm letztendlich alle Macht genommen. Auch unsere aussichtsloseste Stunde wird von ihm erhellt; das dürfen wir glauben, darauf dürfen wir vertrauen. Unser ganzes *Singen und Beten* in dieser Stunde des Abschieds ist ein einziger Ruf zum dreifaltigen Gott, der Jesus von den Toten auferweckt hat. Im Tagesgebet haben wir gebetet:»Allmächtiger Gott und Vater, wir glauben und bekennen, dass dein Sohn für uns gestorben und auferstanden ist.« Und in der Präfation heißt es später:»In Christus erstrahlt uns die Hoffnung, dass wir zur Seligkeit auferstehn.« Ja, liebe Mitchristen, das ist unser Glaube, der Glaube der Kirche, der Glaube, in dem auch *unser Verstorbener N. N.* die Taufe empfangen hat. Auf Christi Namen getauft, in seinen Tod und seine Auferstehung mit hineingenommen hat *N. N.* seinen Glauben gelebt. Und bis zuletzt war *ihm* dieser Glaube wichtig. Im Tod hat dieser Glaube schließlich seine Vollendung gefunden, denn jetzt darf *er* Gott von Angesicht zu Angesicht sehen, ihn schauen wie er ist und ihm ähnlich sein auf ewig. Mitten im Tod hat *ihn* der Auferstandene vor Gottes Angesicht geführt. Letztendlich feiern wir in jeder Eucharistiefeier dieses große Geheimnis, wenn wir bekennen: »Deinen Tod, o Herr, verkünden wir und deine Auferstehung preisen wir, bis du kommst in Herrlichkeit.« Deswegen ist für uns Christen die Feier der Eucharistie die intensivste Begegnung mit dem auferstandenen Jesus Christus. Denn wie er den Jüngern am Ostertag in ihrer Mitte Brot und Wein gereicht hat, so tut er es auch heute. Mit uns tritt der Auferstandene selbst an den Altar, er ist es, der uns in dieser Stunde seine Begegnung in den Zeichen von Brot und Wein schenkt. Ihm dürfen wir begegnen; in der heiligen Kommunion dürfen wir ihm ganz nahekommen.

Dem Apostel Thomas wurde sein Wunsch erfüllt: er durfte den Herrn von Angesicht zu Angesicht schauen. Und auch *unserem Verstorbenen N. N.* ist dieser Wunsch in der Stunde des Todes bereits Wirklichkeit geworden. In diesem Glauben dürfen wir jetzt miteinander die heilige Eucharistie feiern, dürfen auch wir gläubig dem Herrn begegnen, denn er selbst ist in unserer Mitte, er selbst schenkt uns jetzt seinen Leib und sein Blut als größtes Zeichen seiner unendlichen Liebe. Spüren wir diese Liebe Jesu Christi auch in diesen, für Sie sehr schweren Tagen. Finden Sie Kraft im Glauben an die Begegnung mit dem auferstandenen Herrn. Und stimmen wir schließlich ein in das Bekenntnis, das der Heilige Thomas im Angesicht des Auferstandenen ablegt: »Mein Herr und mein Gott!«

Traueransprache III

Selig, die Trauernden: sie werden getröstet
(Lesung: Offb 21,1–5a.6b–7; Evangelium: Mt 5,1–12a)

Verehrte Trauergemeinde, liebe Schwestern und Brüder!

Die Erfahrungen von Leid, Tod und Trauer erlangen in unserer heutigen Gesellschaft immer mehr zentrale Bedeutung. Fast kein Tag vergeht, ohne dass uns nicht neue Meldungen von Terroranschlägen, Krieg, Missbrauch oder bewusster Tötung erreichen. Erschüttert von solchen Ereignissen hinterfragen wir unser eigenes Leben. Was ist das Leben wert – für mich persönlich? Was bedeutet die Zeitspanne zwischen Geburt und Sterben für mich? Vielfach vernehmen wir die Rufe, das Leben sei doch eh umsonst, der Tod wird am Ende alles vernichten und auslöschen, am Ende des Lebens steht dann das große Nichts. Was zuvor war, all die Jahre, die ich als Mensch durchlebt habe, zählen nicht mehr.

Im Angesicht des Todes Ihres geliebten *Ehemannes, Vaters, Opas, Verwandten, Freund oder Nachbar N. N.* müssen wir uns solchen Vorwürfen einer säkularen Gesellschaft kritisch gegenüberstellen. Eine solche Botschaft, die das Leben im Rückblick sinnlos erscheinen lässt, die mit dem Tod einen absoluten Schluss- und Endpunkt setzt, ja, eine solche Botschaft, die stimmt wirklich traurig. Aber – wir haben es vorhin in der Lesung und im Evangelium gehört – unsere Botschaft, die Botschaft von uns Christen, ist eine ganz andere, eine, die Freude stiftet und nicht Trauer. Der Glaube, auf den auch Ihr *lieber Verstorbener* getauft war, gibt dem Leben Sinn und selbst im Sterben und Tod einen festen Halt. Kein Tod wird mehr sein, keine Klage, keine Trauer, keine Tränen – so schreibt es Johannes in seiner Offenbarung. Das neue Jerusalem, der Himmel, die Herrlichkeit Gottes, die er hier beschreibt, ist die Hoffnung und Grundlage unseres christlichen Glaubens. Weil Christus nicht im Tod und Grab geblieben ist, weil Gott ihn vom Tod auferweckt und in seinen Himmel erhoben hat, dürfen wir die Gewissheit haben, dass Christus uns alle in den Himmel heimholt. Deswegen bleibt auch unser ganzes Leben und Sterben nicht sinnlos. Durch seinen Tod am Kreuz, durch seine heilige Auferstehung erfährt alles Sinn, bekommt selbst der Übergang von dieser Welt, in den Himmel, in eine neue Welt, einen Sinn. Unser *Verstorbener* ist in diesem Glauben am vergangenen *Samstag* gestorben. Mit Christus, auf dessen Namen *er* getauft ist, hat *er* Tod und Grab überwunden, ist *er* mit ihm zum ewigen Leben auferstanden. *Er* ist bereits in der Welt, die ohne Tod ist, ohne Klage, ohne Trauer, ohne Tränen. Das ist unser Glaube und darum beten wir in dieser Stunde des Abschieds von N.N.

Wenn wir heute vor der Beerdigung von *N. N.* miteinander Eucharistie feiern, dann tun wir dies in dem festen Glauben, dass Christus auferstanden ist. Am Ostertag tritt Christus in die Mitte seiner Jünger und hält mit ihnen das Mahl. Auch heute tritt der Auferstandene in den Gestalten von Brot und Wein in unsere Mitte, er schenkt uns seinen Leib und sein Blut, er ruft uns zu: Weint und trauert nicht, *N. N.* hat Anteil an meiner Auferstehung. Das kann unser Leben verändern, das kann uns in dieser schweren Stunde Trost in unserer Trauer sein.»Selig, die Trauernden«, ruft Jesus der Menge am Beginn der Bergpredigt zu. Er weiß von seiner Auferstehung, er weiß darum, dass alle Trauer letztendlich in Freude mündet, in die übergroße Freude über das Leben. Der Tod hat nicht das letzte Wort, sondern Gott! Er lässt niemanden allein – nicht im Leben und erst recht nicht im Tode. Er schenkt uns sein neues Leben, er gibt uns unseren Platz bei ihm im Himmel, er schenkt uns Anteil an der Auferstehung seines Sohnes, Jesus Christus.

Wäre Christus nicht auferstanden, so sagt es der heilige Apostel Paulus, dann wäre unser Glaube sinnlos; dann hätte das ganze Leben keinen Sinn, dann bliebe genauso der Tod ohne Sinn. Aber Christus ist von den Toten auferweckt worden, er hat den Tod überwunden und neues, ewiges Leben geschaffen für jeden, der auf seinen Namen getauft ist. Darum dürfen wir jetzt, in dieser Stunde den festen Glauben haben, dass *N. N.* lebt, dass *er* Leben in Fülle hat und dass letztendlich aus unsrer Trauer übergroße Freude im auferstandenen Herrn erwächst.

Traueransprache IV

Fastenzeit: Im Kreuz ist Leben
(Evangelium: Joh 19,16–30)

In dieser Fastenzeit beten wir besonders häufig den Kreuzweg. Wir gehen dabei den einzelnen Stationen auf dem Leidensweg Jesu nach und betrachten sie miteinander. Am Ende steht über allem das Kreuz und mit ihm das Gedenken an das Sterben Jesu. Das Kreuz ist nicht nur in der Fastenzeit ein zentrales Symbol. Es ist vielmehr das Zeichen unseres christlichen Glaubens schlechthin. Nicht nur hier in der Kirche ist das Kreuz sichtbar aufgestellt, auch zuhause in den Wohnungen haben viele Menschen ein Kreuz an der Wand hängen. Es weist auf Christus hin, auf sein Leiden und Sterben. Und es zeigt: Wir gehören zu Christus, wir glauben an ihn, wir bekennen seinen bitteren Tod am Kreuz auf Golgotha.

Vor dem Haus *unserer Verstorbenen* steht ein großes Feldkreuz. Wir wissen nicht, wie oft *sie* in ihrem Leben auf dieses Kreuz geblickt hat. Wie oft *sie* betend vor diesem Kreuz gestanden hat, den Blick auf Christus gerichtet, der sterbend an diesem Kreuz hängt. Das Kreuz hatte im Leben von *N. N.* eine ganz herausragende Bedeutung. Deswegen haben Sie, werte Angehörige, auch ein Bild dieses Kreuzes vorne auf das Sterbebildchen von *N. N.* drucken lassen. Es bringt noch einmal dieses unter dem Kreuz stehen von *N. N.* zum Ausdruck: Denn gerade im Tod steht *sie* unter dem Kreuz Christi, richtet *sie* *ihren* Blick auf Christus, der sterbend seine Arme am Kreuz ausbreitet. Im Tod ist *N. N.* dem sterbenden Christus gleichgeworden.

Wir feiern Eucharistie im Zeichen des Kreuzes. Das ist eigentlich eine seltsame Konstellation. Denn das Kreuz ist doch ein Symbol des Todes, es stellt uns einen sterbenden Menschen vor Augen. Es zeigt uns ganz deutlich, auf eindrückliche Weise, wie grausam ein menschliches Leben zu Ende gehen kann. Das Kreuz – ein Zeichen des Sterbens. Und doch bekennen wir gerade in dieser Fastenzeit wieder so oft: Im Kreuz ist Heil, im Kreuz ist Leben, im Kreuz ist Hoffnung. Denn mit dem Kreuz ist nicht alles vorbei. Die Evangelien enden nicht mit dem Bericht der Kreuzigung und des Todes Jesu. Sie berichten mehr. Wir wissen, dass der Karfreitag nicht das endgültige Ende ist. Wir schauen aus nach dem Ostermorgen. Wir warten auf die Botschaft des Engels, der am leeren Grab die wunderbare Botschaft verkündet: Was sucht ihr den Lebenden bei den Toten? Christus ist auferstanden! Deshalb ist das Kreuz kein Zeichen des Todes, sondern ein Hinweis auf das Leben. Deshalb können wir im Schatten des Kreuzes für N. N. Eucharistie feiern: Weil wir glauben und bekennen, dass der Tod die Schwelle hinüber ins Leben ist.

N. N. ist in diesem Glauben gestorben. *Ihr* Blick auf das Kreuz war kein Schauen auf den Tod. *Ihr* Blick auf das Kreuz war ein Ausdruck *ihrer* Hoffnung und *ihres* tiefen Glaubens, *ihrer* Hoffnung, dass gerade im Tod das Leben geboren wird, dass der auferstandene Herr auch *sie* zum Leben ruft. Und *ihres* Glaubens, dass durch das Sterben Christi am Kreuz die Macht des Todes zerbrochen ist. Der Blick von N. N. reichte weiter: *Sie* schaute durch das Kreuz hindurch auf den Ostermorgen und den auferstandenen Christus.

Wenn wir heute auf das Sterbebild von N. N. blicken, dann sehen wir das Kreuz. Das Kreuz werden wir später auf dem Friedhof auch über *ihrem* Grab aufrichten. Es ist das Kreuz des Lebens, das Kreuz der Hoffnung. Es ist das Kreuz, das uns in dieser Stunde des Abschieds Trost spendet. Denn es weist uns auf das Größere hin, das nach diesem Tod auf uns wartet. Es richtet unseren Blick auf den auferstandenen Christus und weist uns auf den Glauben hin, in N. N. gestorben ist. Es ist der Glaube an das Leben. Es ist der Glaube an Gottes barmherzige Liebe, die uns selbst im Tod nicht verlässt, sondern durch den Tod hinüber in das Leben führt. So dürfen wir in dieser Stunde glaubend und hoffend bekennen: »Wir rühmen uns im Kreuz des Herrn. In ihm ist uns das Heil geworden, in ihm sind wir erlöst. Denn siehe, durch das Holz des Kreuzes kam Freude in alle Welt.«

Modelle für Traueransprachen

Traueransprache V

Und das ewige Licht leuchte dir ...
(Evangelium: Mt 5,14–16)

Am Ende der Beisetzung von *N. N.* werden wir gemeinsam für *sie* beten: Herr, gib *ihr* die ewige Ruhe und das ewige Licht leuchte *ihr*. Wenn Sie, liebe Angehörige, sich hier in der Kirche umsehen, kann können Sie ganz viele Lichter entdecken. Es ist ein guter und alter Brauch, dass wir im Kirchenraum Kerzen entzünden, wenn wir miteinander Gottesdienst feiern. Die brennenden Kerzen schaffen eine festliche Stimmung, sie weisen uns aber auch auf Christus hin, der von sich sagt, dass er das Licht der Welt ist. Und noch einen Hinweis auf Jesus finden wir im Zeichen der Kerze: Wenn die Kerze brennt, dann erhellt sie mit ihrem Licht den Raum und strahlt Wärme ab. Das Wachs aber verbrennt und die Kerze wird immer kleiner. So war auch das Leben Jesu Licht und Wärme für seine Mitmenschen, auch wenn er sich selbst im Dienst für die anderen ganz und gar aufgegeben hat.

Ein besonderes Licht brennt vorne, am Tabernakel in einer roten Lampe: das ewige Licht. Tag und Nacht brennt diese Kerze und weist uns darauf hin, dass Jesus gegenwärtig ist. Im Brot, das im Tabernakel aufbewahrt wird, ist er da, ist in unserer Mitte. Das ewige Licht ist ein Zeichen dafür.

Auch unser menschliches Leben ist manchmal wie ein solches Licht. Wir kennen die düsteren und finsteren Stunden im Leben, die Aussichtslosigkeit in Krankheit, Not und Tod. Wir wissen aber auch um die vielen Lichtblicke, um die vielen Menschen, die mit uns auf dem Weg sind und unser Leben ein Stück heller machen. Ein solcher Mensch war auch *N. N.* Vielen Menschen ist *sie* zum Licht geworden, vielen hat *sie* in dunklen Momenten Lichtblicke geschenkt. *N. N.* war ein Mensch, durch den die Welt ein bisschen heller geworden ist. Durch *ihr* Leben, durch *ihre* Taten und Worte hat *sie* Licht gebracht, hat *sie* ihrer Umwelt Wärme und Liebe gegeben. Dadurch hat *sie* den Auftrag Jesu erfüllt, Licht für die Welt zu sein. *Sie* hat das weitergegeben, was *sie* selbst von Christus empfangen hat. Denn im Johannesevangelium sagt Jesus:»Wer mir nachfolgt, wird nicht in der Finsternis umhergehen sondern wird das Licht des Lebens haben.« (Joh 8,12)

In dieser Stunde, in der wir von *N. N.* Abschied nehmen, brennt nicht nur das Ewige Licht am Tabernakel, sondern auch die Osterkerze. Sie zeigt uns, dass die Finsternis des Todes hell wird, weil Christus auferstanden ist. Die Osterkerze brennt und weist auf unsere christliche Hoffnung hin: dass auch wir mit Christus zum Leben auferstehen. So dunkel diese Stunden der Trauer und des Abschiednehmens auch sein mögen, unser Blick darf sich auf die Osterkerze richten. Mit ihrem Licht leuchtet sie und weist uns den Weg durch diese dunkle Zeit. Den Weg, der hinführt zu Jesus, der das Licht der Welt ist.

Wenn wir N. N. heute das letzte Geleit geben, dann dürfen wir ihr Dank sagen für das Licht, das *sie* selbst mit *ihrem* Leben war. Dankbar dürfen wir uns an die vielen Lichtblicke erinnern, die *sie* uns geschenkt hat. Danke sagen für die Wärme und Liebe, die *sie* uns gegeben hat. Und wir dürfen beten, dass jetzt das ewige Licht für N. N. leuchte. Das Licht des auferstandenen Christus, das die Finsternis des Todes erhellt und unsere Verstorbenen mit seiner Wärme und Liebe umfängt. Das Licht, das uns auf sein Ostern hinweist und in uns die Hoffnung lebendig hält, dass er auch uns an seinem Ostersieg Anteil schenkt.

Herr, gib *ihr* die ewige Ruhe und das ewige Licht leuchte *ihr*.

Andacht zum Totengedenken an Allerheiligen/Allerseelen

Lied

GL 552 (Herr, mach uns stark im Mut, der dich bekennt)

V: Im Namen des Vaters und des Sohnes und des Heiligen Geistes.
A: Amen.
V: Der Herr, der uns das Leben in Fülle verheißt, sei mit euch.
A: Und mit deinem Geiste.
Oder: Der Herr, der uns das Leben in Fülle verheißt, ist in unserer Mitte. Er sei gelobt und gepriesen in Ewigkeit.

Einführung

Es ist ein guter und alter Brauch, dass man um die Tage Allerheiligen und Allerseelen an die Gräber der Verstorbenen kommt und für sie betet. Wir tun dies im Glauben an die Auferstehung unseres Herrn Jesus Christus: Er, der den Tod überwunden hat, ruft auch uns zum Leben und schenkt uns sein Leben.

Der Gang zum Grab ist oft mit Trauer verbunden. Wir weinen, weil wir einen lieben Menschen verloren haben. Über dem Grab steht für uns Christen aber auch die Hoffnung. Der Glaube, dass wir unseren Gott im Tod schauen wie er ist, dass wir ihm ähnlich sind auf ewig und sein Lob singen ohne Ende.

In unserer Mitte brennt heute die Osterkerze: Sie weist uns auf diese Hoffnung hin, sie zeigt, dass der Tod für uns Christen nicht das Ende ist. Am Ende steht er, Christus, der Auferstandene, und führt uns zum Leben. In diesem Glauben dürfen wir heute die Gräber unserer Verstorbenen besuchen und sie segnen.

Kyrie-Rufe

Unser Herr Jesus Christus ist in unserer Mitte. Ihn grüßen wir und rufen:
- Herr Jesus Christus, du bist Mensch geworden, damit wir das Leben haben. Kyrie, eleison.
- Herr Christus, du bist gestorben und hast den Tod besiegt. Christe, eleison.
- Herr Jesus Christus, du bist auferstanden und rufst uns zum Leben in Fülle. Kyrie, eleison.

Gebet

Lasset uns beten. – Allmächtiger Gott, du hast deinen Sohn Jesus von den Toten auferweckt und ihn zu deiner Rechten erhöht. Wir bitten dich für unsere Verstorbenen: Führe sie aus dem Tod zum Leben, aus der Finsternis in dein Licht, und nimm sie auf in die Freude des Himmels. Lass sie dein Angesicht schauen und teilhaben am Mahl des Lebens, das du denen bereitet hast, die dich lieben. Darum bitten wir dich durch Christus, unseren Bruder und Herrn. Amen.

Lesung

Ijob 19,1.23–27 und 1 Thess 4,13–18

Lied

GL 336 (Jesus lebt, mit ihm auch ich)

Ansprache

Trostlos ist das Wetter dieser Tage, trostlos erscheint uns der November im Allgemeinen, ein »Monat mit Trauerrand«, soll einmal ein Prediger gesagt haben.

Trostlos ist manches, was wir in den Nachrichten hören und sehen, trostlos ist das Schicksal vieler Flüchtlinge – und manchmal fragen wir uns, ob die Menschen überhaupt noch »bei Trost sind«.

Manche wollen gar keinen Trost. Sie finden das unehrlich. Man müsse die Realität halt aushalten.

Modelle für Traueransprachen

Ja, das muss man. Aber Trost ist auch eine Realität. Es gibt nicht nur kalte und nüchterne Wahrheiten. Es ist auch eine Realität, dass es Menschen gelingt, durch ihr Dasein, durch ihren Zuspruch, durch ein In-den-Arm-Nehmen Trost zu spenden, wieder Halt zu geben, Zuversicht zu vermitteln.

Mitten in einer trostlosen Jahreszeit gedenken wir der Verstorbenen, stellen uns der Realität des Todes, nicht um uns im Elend unseres Daseins zu suhlen, sondern genau da, wo unser Leben am meisten auf dem Spiel steht, nach Trost zu suchen, nach einem ehrlichen Trost, einem standhaften, der uns nicht nur in warme Emotionen einlullt.

Ijob, der aus seiner Not schreiende Gedemütigte und Verlassene, diese »nackte Realität dessen, was es an Leid auf dieser Erde gibt«, ergreift das Wort in der heutigen ersten Lesung. Und was er sagt, ist so ungefähr das Gegenteil oberflächlicher Sinnkosmetik. Er hat die zerstörerische Kraft des Leidens so existenziell erfahren müssen, dass es ihm die Haut und fast die Hoffnung zerfetzt hat. Aber eben nur fast. Mit beinharter Gewissheit stellt er der Realität des Elends die Realität seiner Hoffnung entgegen: »Ich weiß, dass mein Erlöser lebt.« Und dieser Erlöser macht sich nicht aus dem Staub wie so mancher menschliche Hoffnungsträger. Erst dann, wenn tatsächlich Erlösung geschehen ist, »als Letzter erhebt er sich über dem Staub«.

»Ich werde Gott schauen. Meine Augen werden ihn sehen – und er wird mir nicht fremd sein«, so setzt Ijob fort und nennt beim Namen, was ihm Trost und Hoffnung gibt.

Das Leid, Krankheit, Enttäuschung, schließlich der Tod entfremden uns von Gott. Im Tod verbirgt sich Gottes Macht. Trennung und Verlust, Abbruch von Beziehungen, nicht mehr berühren können, was Halt gab – wie soll uns da der Gott, der uns aus Liebe geschaffen hat, noch vertraut vorkommen?

»Meine Augen werden ihn sehen – nicht mehr fremd«, sagt Ijob. Trost ist für Ijob, dass sich die Entfremdung Gott gegenüber auflösen wird, dass es ein Wiedererkennen, eine Begegnung auf Augenhöhe, von Angesicht zu Angesicht geben wird. Wer Gott sieht, ist nicht (mehr) verloren.

Das »Bei-Gott-Sein« ist auch der Trost des ersten Thessalonicherbriefs, der uns als Unterscheidungsmerkmal zu allen, die ohne Hoffnung trauern, ans Herz gelegt wird. Damit das Bei-Gott-Sein aber nicht wie eine schwache Vertröstung aussieht, muss es Aufgabe der christlichen Gemeinde sein, so gut wie möglich, auch jetzt schon aus der Gegenwart Gottes heraus zu leben, das Bei-Gott-Sein als reale Möglichkeit zu bezeugen – jetzt in einer gebrochenen und verletzlichen Form, einst in Vollendung.

Das »Bei-Gott-Sein« verbindet uns mit unseren Verstorbenen, auch wenn wir noch in unterschiedlicher Weise bei ihm sind. In Gott haben wir die Garantie, dass die Verbindung zu unseren Verstorbenen nicht ganz abgebrochen ist. Wenn wir zu unseren Verstorbenen stehen, indem wir ihrer gedenken, dann ist das ein Glaubensbekenntnis an den Gott allen Trostes.

Wir sind bei Trost. Es ist nicht verrückt, was wir hoffen. Es verändert wirklich unser Leben.

Joachim Koffler

Lied

GL 366 (Jesus Christus, guter Hirte)

Fürbitten

Zu Jesus Christus, der von den Toten auferstanden ist und auch uns zum Leben berufen hat, dürfen wir beten:

Wir beten für die Menschen, die Opfer von Krieg, Terror und Naturkatastrophen geworden sind: Herr, lass ihnen das Licht des Lebens leuchten.

Wir beten für die Menschen, die nach einer langen und schweren Krankheit gestorben sind und für alle, die sie aufopferungsvoll gepflegt haben: Herr, sei ihnen die Tür zum Leben.

Wir beten für die Menschen, die in diesem vergangenen Jahr Abschied nehmen mussten von einem lieben Verstorbenen: Herr, sei ihnen Trost in ihrer Trauer.

Wir beten für alle unsere Toten, für die, die auf diesem Friedhof ruhen und für alle, an die niemand mehr denkt: Herr, führe sie aus dem Tod in das Leben der kommenden Welt.

Ehre sei dem Vater, der uns geschaffen hat, Ehre sei dem Sohn, auf dessen Auferstehung wir getauft sind, Ehre sei dem Geist, der uns mit seinem Leben erfüllt – heute und in Ewigkeit.

Vaterunser

Gott ist unser Vater, der auch in den dunkelsten und schwersten Stunden des Lebens um uns sorgt. Zu ihm dürfen wir kommen und zu ihm beten: Vater unser ...

Gebet

Herr Jesus Christus, in deinem Namen haben wir uns versammelt, auf dein Wort haben wir gehört, dein Osterlicht brennt in unserer Mitte. Wir bitten dich: Bleibe bei uns auf dem Weg durch dieses Leben, stärke uns in Krankheit und Leiden, tröste uns in der Trauer, umgebe uns mit deiner Nähe in der Einsamkeit. Darum bitten wir dich, der du lebst uns herrschst in alle Ewigkeit.

Segen

Gott, unser Vater, hat Jesus von den Toten auferweckt und aufgenommen in seine Herrlichkeit. Er segne uns, damit wir hoffnungsvoll und zuversichtlich durch diese Welt gehen und selbst zum Segen werden für unsere Mitmenschen.

Lied

GL 436 (Ach bleib mit deiner Gnade) oder GL 523 (O Maria, sei gegrüßt)

VII.
Gebete

Das Gebet für Verstorbene ist eine uralte Tradition. Man betet, dass der geliebte Mensch Anteil erhält an Jesu Auferstehung, dass er eingehen darf in Gottes Leben und Liebe. Das Gebet am Grab gilt aber nicht nur den Toten, sondern auch den Lebenden. Wir beten für die trauernden Angehörigen, die in diesen schweren Stunden nach Trost und Halt suchen. Und wir beten für uns selbst, die wir mit dem Tod konfrontiert werden und um Verstorbene weinen.

Es tut gut, in den schweren Stunden des Abschieds miteinander zu beten. Das Gebet zeigt, dass man das eigene Schicksal dem liebenden Gott anvertraut. Wo wir Menschen an unsere Grenzen kommen und nicht mehr weiterkönnen, dürfen wir unser Leben an Gott abgeben, der uns auch im Tod nicht verlässt. Er erleuchtet die dunkelsten Stunden mit dem Licht von Ostern. Denn er ist unser Trost in der Trauer, er ist unser Beistand in der Einsamkeit, er ist unser Leben im Tod.

Erbarm dich, sei gnädig,
komm befreien.

Für alle Toten dieser Tage,
jeder Stunde –
für alle Menschen, hingemordet in Krieg um Krieg –
für die Kinder, die sterben,
noch bevor sie gelebt haben:

Erbarm dich, sei gnädig,
komm befreien.

Sieh alle, die auf Erden leben, ihres Lebens nicht sicher,
arme, unterdrückte Menschen, Flüchtlinge, Gehetzte,
Kranke an Leib und Seele,
untröstliche Herzen:

Erbarm dich, sei gnädig,
komm befreien.

Kyrie eleison.
Huub Oosterhuis

Wir lassen dich der Erde

Wir lassen dich der Erde, die dich nährte,
dass sie dich berge nun in deinem Tod,
bis wir befreit von dem, was uns beschwerte,
uns finden neu in unserm guten Gott.

Wir geben dich in Gottes gute Hände,
vetraun dich seiner Vatergüte an.
Er sei der Anfang nun in deinem Ende:
Das Leben, das kein Tod mehr nehmen kann.

Wir tragen dich mit uns auf allen Wegen,
du bist in Liebe fest uns eingeprägt.
Gott hält zusammen uns in seinem Segen,
der uns zu herrlicher Vollendung trägt.

Claus-Peter März

Zum Loslassen reifen

Es sind weniger
die Umstände,
die unseren inneren Menschen gefährden,
als vielmehr unsere Art,
auf sie zu reagieren.

Schmerzlich entbehre ich,
was Du mir genommen hast, Gott.
Aber ich stehe nicht mehr
gegen Dich auf.
Immer noch weine ich,
aber ich spüre,
es wird ruhiger in mir.
Eine stille Dankbarkeit
beginnt zu wachsen
auf dem Grunde der Tränen.
Vielleicht, dass es nie mehr sein wird,
aber dass es war,
dieses Schönste,
kann niemand mir rauben.
Mag ich auch ein Verwundeter bleiben,
so glaube ich doch,
dass ich eines Tages
über die Klage hinauswachsen werde.
Ich werde zurückschauen
und danken, dass ich beschenkt war
in einem Maß,
das meine Worte
nicht auszusagen vermögen.
Antje Sabine Naegeli

Ich kann nicht

Gott,
sie sagen zu mir: Lass los!
Ich kann es nicht.
Meine Liebe loslassen?
Wie grausam klingen diese Worte.
Bitte hilf mir.
Meine Erinnerungen sind mir wie kostbare Perlen.
Ich will sie bewahren und nicht loslassen.
Wenn schon, dann hilf mir loszulassen,
was nicht mehr möglich ist.
Aber hilf mir auch, zu bewahren, was möglich ist.

Carmen Berger-Zell

Die Dunkelheit teilen

Lieben heißt
sich einlassen auf das Leid.

Voller Entsetzen
ist mein Herz
angesichts der endlosen Schrecken,
die Du zulässt
im Leben des Menschen,
den ich liebe.
Völlig hilflos zu sein
vor soviel auswegloser Not
bringt mich der Verzweiflung
mehr als nahe.
Ich bin wie gelähmt.
Wo bist Du, Gott?
Warum lieferst Du ihn
so unermesslichem Leid aus?
Du bist ein Gott,
vor dem ich mich fürchte.
Und doch kann ich von Dir
nur zu Dir flüchten.
Bettlerin möchte ich sein
vor Dir,
rufen und schreien,
schreien und rufen,
bis Du Dich erbarmst.

   Antje Sabine Naegeli

Wenn die Schatten wachsen

Wenn die Finsternis
immer finsterer wird
und die Nacht
uns zu verschlingen droht,
wollen wir dessen eingedenk sein,
dass Ostern anbrach,
als es Nacht war.

Wenn sich die dunkle Nacht
der Schwermut
einer eisernen Klammer gleich
um meine Seele legt
und alles Leben aus mir weicht,
lass mich in Deine Hände fallen, Gott,
denn Du bist meine Zuflucht
in der Nacht der Seele.
Alle Kraft ist Dein:
die Kraft zu bergen
und zu trösten,
die Kraft aufzurichten
und zu heilen,
zu verwandeln
und zu erneuern,
lebendig zu machen
und Hoffnung zu wecken.
Du lässt es Tag werden in mir,
und im Morgengrauen
werde ich erkennen:
Du warst Gefährte meiner Nacht.
Antje Sabine Naegeli

Vertrauen trotz Misstrauen

Guter Gott,
in dieser Stunde des Abschieds
fühlen wir uns einsam und verlassen.
Der Zweifel nagt an uns,
der Unglaube droht uns zu überwältigen.
Der Tod rührt an den Grundfesten unseres Glaubens.
Unsere Bilder vom Himmel scheinen so naiv,
dass wir ihnen nicht trauen können.
Wir fürchten, du entziehst uns deine Gegenwart,
deine Sorge und deinen Schutz.
Wir bekennen dir unser Misstrauen,
denn größer noch ist unser Vertrauen:
dass du uns annimmst, wie wir sind,
dass du uns nie verlässt.
Auch nicht in dieser Stunde des Abschieds.
Dann wollen wir vertrauen,
dass du stärker bist als der Tod,
dass es bei dir weder Tränen noch Schmerz gibt,
dass einmal alles gut wird bei dir,
dem unaussprechlichen, wunderbaren Geheimnis.
Georg Schwikart

HERR, BERUHIGE DU die Wogen in dieser Brust, dämpfe die Stürme! Sei stille, meine Seele, dass das Göttliche wirken kann in dir! Sei stille, meine Seele [dass Gott ruhen kann in dir, dass sein Friede dich überschatten kann! Ja, Vater im Himmel, oft genug haben wir erprobt, dass die Welt keinen Frieden geben kann, o lass du uns aber erfahren, dass Du Frieden geben kannst, lass uns die Wahrheit der Verheißung erleben, dass Deinen Frieden alle Welt nicht von uns nehmen kann –].

Søren Kierkegaard

Wenn du mich rufst

Gott!
An jenem Tag,
an dem Du mich rufst, »Komm!«
werde ich zu dir kommen,
zu Dir, – den ich in diesem Dasein
millionenmal aufblitzen sah
wie Sonnenstrahlen auf Meereswogen.
Ich werde kommen mit allen Tränen,
die ich geweint habe;
ich werde kommen mit den Erinnerungen
an die Gespräche mit Menschen;
an die Auseinandersetzungen
mit den Fragen, die keine Antwort zuließen.
Ich werde kommen und nur eines sagen
DU
Martin Gutl

Tod

Wir mussten loslassen.
Liebes ist uns entrissen.
Eine Geschichte ist zu Ende.
Wir fühlen nur Leere, Gott.
Du hast durch dein bitterstes Wort,
durch den Tod gesprochen.
Wir wissen:
Das ist nicht das letzte Wort.
Wir hoffen:
Das ist nicht das Ende des Weges.
Wir hören:
Ich bin die Auferstehung und das Leben.
Schenke uns in aller Verzweiflung Trost
durch das Geheimnis des Glaubens.
In dir sind wir eins.

Gerhard Engelsberger

Ich strecke Dir jeden Tod entgegen

Du Lebendiger
Du bist stärker als der Tod
Ich strecke Dir jeden Tod entgegen
    die lähmende Einsamkeit
    die zerbrochene Beziehung
    die bodenlose Traurigkeit
    das geistlose Dahinsiechen
    das schreckliche Elend
    die schmerzliche Trennung
    das erschütternde Unglück
    das Sterben der Lieben
    den eigenen Tod
Sei Du das Leben
    in jedem Tod
Setz Du immer wieder einen neuen Anfang des Lebens
Anton Rotzetter

Dich erfahren mitten in der Geschichte

Du der Du da bist
Ein Gott mit uns mitten im Tod
    Dich erfahren mitten in der Geschichte
    Dein Licht sehen mitten in der Nacht
    Deine befreiende Hand ergreifen mitten in der Gefangenschaft
    Deine Gerechtigkeit durchsetzen mitten im Unrecht
    Deine Güte kosten mitten im Bösen
    Deine Vergebung leben mitten in der Schuld
    Deinen Frieden stiften mitten im Hass
    Deine Liebe bezeugen mitten in der Welt
Das ist es, was ich will, Du Gott mit uns mitten im Tod
Anton Rotzetter

Totengebet – Buch des Lebens

Das Lebensbuch von N. N. ist zugeschlagen.
Es ist ihr (sein) eigenes Buch voller Erfahrungen und Bilder.
Manche Seiten darin kennen wir,
die einen mehr, die anderen weniger.
In unterschiedlicher Form und Nähe haben wir
manche Seiten mit beschrieben.
Dennoch war es ihr (sein) Lebensbuch.
Keiner von uns kennt alles, was darin steht,
selbst wenn wir noch so lange mit ihr (ihm)
zusammengelebt haben.
Denn auch die Fragen und Sehnsüchte,
die Hoffnungen und das Unausgesprochene:
All das ist enthalten im Buch des Lebens.
Und dieses Buch ist jetzt geschlossen.

Aber einer kennt den Inhalt dieses Buches,
während wir nur aus der Erinnerung leben.
Es ist unser Gott.
Der Gott des Lebens von Anfang an.
Der Gott des Lebens jeden Tag und jeden Augenblick.
Der Gott des Lebens auch in dunklen Stunden.
Der Gott des Lebens auch und gerade über den Tod hinaus.

Dieser Gott sieht tiefer und liebt mehr, als wir das vermögen.

Dieser Gott des Lebens, darauf vertrauen wir,
hat N. N. in das göttliche Buch
des ewigen Lebens eingeschrieben.
Wolfgang Schwartz

Herr,
nichts geschieht ohne deinen Willen,
und nichts geschieht
ohne deine Liebe zu den Menschen.
In deiner Hand
liegt der Tag und liegt die Nacht,
in deiner Hand
liegen Zeit und Ewigkeit.
Du begleitest und segnest
unser Leben mit deiner Güte.

Herr,
nichts geschieht ohne dein Wissen,
und nichts geschieht
ohne deine Sorge um die Menschen.
In deiner Hand liegt der Anfang, liegt das Ende,
in deiner Hand liegt das Leben, liegt das Sterben.
Du behütest und beschützt
unser Leben in deiner Gegenwart.

Herr,
nichts geschieht ohne deinen Beistand,
und nichts geschieht
ohne deine Freundschaft mit den Menschen.
In deiner Hand liegt das Wachen, liegt das Schlafen,
in deiner Hand liegt das Kommen, liegt das Gehen.
Du erhältst und erfüllst
unser Leben mit deinem Geist.

Herr,
alles geschieht unter deinen Augen,
und alles geschieht
unter dem Schutz deiner segnenden Hände.
Freude und Trauer, Schatten und Licht,
Hoffnung und Furcht, Leben und Tod:
Du bist der Vater der Menschen,
in dir findet alles zum Guten,
in dir erfüllt sich die Hoffnung des Lebens.

Detlef Kuhn/Jürgen Kuhn

Mutlosigkeit überdauern

Mutlos bin ich
bis auf den Grund,
meiner selbst
nicht mehr gewiss.
Gott, meine Bergung,
umhülle mich
mit Deinem Licht.
Durchdringe
die Dunkelwolken
meiner Urangst.
Hauche Deinen Atem
in alles Verstörte
und Gelähmte.
Birg mich
in Deiner Zärtlichkeit,
dass ich mir
bewohnbar bin.
Stärke
das erschöpfte Vertrauen.

Antje Sabine Naegeli

Zweifel aussprechen

Mein verletztes Vertrauen
bringe ich Dir,
meine Zweifel,
die mich quälen.
Schutz und Geborgenheit
suche ich
und finde sie nicht.
Bist Du da, Gott?
Bist Du wirklich da?
Gib Dich zu erkennen.
Umarme mich,
damit ich weitergehen kann.

Antje Sabine Naegeli

Gegen das Leid anglauben

Du fragst
nach unserem Vertrauen,
und es ist doch etwas vom Schwierigsten,
gegenan zu glauben
gegen das Übermaß von Leid
auf dieser Erde,
gegen die tägliche Erfahrung
der Ohnmacht.

Wer ist so stark,
dass er ohne Vorbehalt
sagen könnte:
»Christus, ich vertraue dir.«
Vielleicht der, der die Augen schließt
und nicht hinschauen will
auf die Not der Welt?
Vielleicht der,
der früh schon
ein Geborgener war?

Wir müssen es eingestehen:
Glauben ist schwer.
Es ist uns nicht möglich,
unsere Zweifel
ins Schweigen zu zwingen.

Und doch bist Du unsere Hoffnung.
Verbinde uns tiefer mit Dir.
Lehre uns gehen
auf dem Seil des Vertrauens.
Spanne das Netz Deines Erbarmens
unter uns aus.
Antje Sabine Naegeli

Ich weine vor Dir

Wenn ein Mensch
neben uns verstummt
in seinem Schmerz,
kann es sein,
dass wir nicht nur zur Für-bitte,
sondern auch zur Für-klage
gerufen sind.

Wohin soll ich fliehen,
wenn nicht unter Dein Kreuz?
Nichts mehr bin ich
als Schmerz.
Ich berge mein Gesicht
auf Deinen Füßen.
Keine Worte
habe ich mehr,
nur Tränen.
Du sagtest Ja
zum Kelch des Leidens.
Du wartest,
dass auch ich ihn nicht von mir weise,
aber das, Gott,
übersteigt meine Kräfte.
Ich bin nicht tapfer.
Ich bin kein Fels des Glaubens.
Ich bäume mich auf
wie ein Tier, das scheut
vor übermächtiger Bedrohung.
Aufgewühlt ist meine Seele
wie das Meer,
das der Sturm aufpeitscht.
Du hattest Angst
wie ich
und gingst den Kreuzweg dennoch.

Leg Deinen Arm um mich.
Sprich Du für mich,
was mir nicht über die Lippen will:
Vater, es geschehe Dein Wille.
Antje Sabine Naegeli

Gebete

Ostern

der schnitter tod
ist über die felder gegangen
und hat sich das leben geholt

und das leben
ist in den boden gefallen
und vergeht

und schlägt wurzeln
und treibt blüten
und trägt blätter

und bringt
frucht
und bleibt

jetzt
und in
ewigkeit

amen

Andrea Schwarz

Segensgebete für Trauernde

1.

Du betrauerst den Tod eines lieben Menschen. Gottes Segen möge Dich in Deiner Trauer trösten. In der Trauer verlieren wir oft den Grund unter den Füßen. Gottes Segen möge Dir festen Grund schenken. Gottes Segen ist bei Dir. Er hüllt Dich ein wie ein schützender Mantel. Er umarmt Dich, damit Du Dich von Gottes Liebe mitten in Deinem Schmerz umarmt fühlst. Die Trauer erschüttert Dein Herz. Manchmal kannst Du nicht klar denken, weil Dir alles sinnlos erscheint. Gottes Segen erklärt Dir nicht den Tod des lieben Menschen. Aber Gottes Segen stärkt Dich. Und Du darfst vertrauen, dass Gottes Segen auch den Verstorbenen in seinem Sterben begleitet und ihn jetzt in den ewigen Segen Gottes aufgenommen hat. Gottes Segen öffne Dir die Augen, dass Du die Botschaft verstehst, die der Verstorbene mit seinem Leben und Sterben an Dich richtet. Dann wird auch der Verstorbene für Dich zum Segen. Gottes Segen stärke Dich in Deiner Trauer und Gottes Segen sei wie ein Schutzraum, in den Du Dich immer zurückziehen kannst, wenn Du den Schmerz nicht aushältst. Stelle Dir vor, dass Gottes Segen Dich jetzt einhüllt, dass Gottes Liebe Dich zärtlich streichelt und dass Gottes Liebe Dich durchdringt und Dich in Deinem Atem streichelt. Sein Segen verwandle Deine Tränen in Dankbarkeit und Deine Trauer in Freude über den Menschen, den Gott Dir geschenkt hat, mit dem Du leben durftest und der nun für immer für Dich da ist, da er von Gott her für Dich zum Segen wird. Amen.

2.

Du bist untröstlich in Deiner Trauer. Ich kann Dir nicht den Trost spenden, den Du brauchst. Ich kann nur mit Dir zusammen und für Dich Gott um seinen Segen für Dich bitten. So lade ich Dich ein, folgendes Segensgebet laut zu beten. Ich spreche jedes Wort mit Dir. Wenn Du an den Worten zweifelst, springe ich für Dich ein und bete weiter. Und wenn Du Widerstand gegen manche Worte spürst, dann formuliere die Worte um, bete so, wie es für Dich stimmt. Ich versuche, Dir Worte zu schenken, die Du in Deiner Sprachlosigkeit beten kannst: »Barmherziger und guter Gott. Du bist mir so ferne. Ich spüre dich nicht. Ich kann den Tod des lieben Menschen, der mir so nahe stand, nicht verstehen. Und ich kann auch nicht voll Vertrauen zu dir beten. Ich bitte dich nur: Umgib mich mit deinem Segen, damit ich nicht allein stehe mit meiner Trauer. Lass deinen Trost in meine Verzweiflung eindringen. Lass deine Liebe in meine Leere strömen. Halte du mich, wo ich haltlos bin. Sprich du zu mir, wo ich sprachlos bin, wo ich keine Worte finde für meine Trauer. Lass dein Licht in meine Dunkelheit dringen und sie erhellen. Und schenke mir in meiner Orientierungslosigkeit wieder einen festen Glauben, einen Halt im Glauben, damit ich nicht versinke im Sumpf meiner Traurigkeit und Verzweiflung. Sei du bei mir mit deinem Segen, damit dein Segen meine Trauer in Freude verwandle, dass dein Segen meine Erstarrung löse und mir neue Lebendigkeit schenke. Darum bitte ich dich mit einem verzagten und doch hoffenden Herzen. Amen.«

3.
Gütiger und barmherziger Gott. Segne mich und halte deine segnende Hand schützend über mich. Dein Segen sei unter mir, deine segnende Hand halte mich von unten, damit ich wieder Boden unter den Füßen spüre. Dein Segen umgebe mich von vorne und von hinten, damit all die Gefühle der Verzweiflung nicht in mich eindringen können. Deine segnenden Hände mögen mich festhalten, damit ich nicht untergehe in meiner Trauer. Und dein Segen führe mich durch die Trauer hindurch in eine neue Beziehung zum Verstorbenen, dass ich ihn/sie als inneren Begleiter erfahren darf, dass ich die Liebe der Verstorbenen in meinem Herzen weiter spüre. Und dein Segen führe mich zu mir selbst, dass ich durch die Trauer hindurch mein wahres Selbst entdecke, das einmalige Bild, das du dir von mir gemacht hast. Lass mich nicht allein in meiner Trauer. Begleite du mich mit deinem Segen. Lasse mich auch erfahren, dass der Verstorbene für mich ein Segen war und jetzt vom Himmel her ein Segen ist und immer sein wird. Und schenke mir das Vertrauen, dass ich selbst zum Segen werden darf für andere Menschen. Darum bitte ich durch Jesus Christus, der den Verstorbenen in sein ewiges Reich gerufen hat, der ihm eine ewige Wohnung bereitet hat, die auch für mich bereitsteht, wenn du mich einmal rufen wirst. So lasse mich durch den Tod hindurch in Liebe verbunden bleiben mit dem Verstorbenen, damit wir uns in deiner Herrlichkeit einst für immer wiedersehen. Amen.

Anselm Grün

Wenn wir in höchsten Nöten sein
und wissen nicht, wo aus noch ein,
und finden weder Hilf noch Rat,
ob wir gleich sorgen früh und spat:

so ist dies unser Trost allein,
dass wir zusammen insgemein
dich anrufen, o treuer Gott,
um Rettung aus der Angst und Not,

und heben unser Aug und Herz
zu dir in wahrer Reu und Schmerz
und flehen um Begnadigung
und aller Strafen Linderung,

die du verheißest gnädiglich
allen, die darum bitten dich
im Namen deins Sohns Jesu Christ,
der unser Heil und Fürsprech ist.

Drum kommen wir, o Herre Gott,
und klagen dir all unsre Not,
weil wir jetzt stehn verlassen gar
in großer Trübsal und Gefahr.

Sieh nicht an unsre Sünde groß,
sprich uns davon aus Gnaden los,
steh uns in unserm Elend bei,
mach uns von allen Plagen frei,

auf dass von Herzen können wir
nachmals mit Freuden danken dir,
gehorsam sein nach deinem Wort,
dich allzeit preisen hier und dort!
Paul Eber

Befiehl du deine Wege

Und was dein Herze kränkt
Der allertreusten Pflege
Des, der den Himmel lenkt:
Der Wolken, Luft und Winden
Gibt Wege, Lauf und Bahn,
Der wird auch Wege finden,
Da dein Fuß gehen kann.

Dem Herren musst du trauen,
Wenn dir's soll wohlergehn,
Auf sein Werk musst du schauen,
Wenn dein Werk soll bestehn.
Mit Sorgen und mit Grämen
Und mit selbsteigner Pein
Lässt Gott ihm gar nichts nehmen,
Es muss erbeten sein.

Dein ewge Treu und Gnade,
O Vater, weiß und sieht,
Was gut sei oder schade
Dem sterblichen Geblüt:
Und was du dann erlesen,
Das treibst du, starker Held,
Und bringst zum Stand und Wesen,
Was deinem Rat gefällt.

Weg hast du allerwegen,
An Mitteln fehlt dir's nicht,
Dein Tun ist lauter Segen,
Dein Gang ist lauter Licht.
Dein Werk kann niemand hindern,
Dein Arbeit darf nicht ruhn,
Wenn du, was deinen Kindern
Ersprießlich ist, willst tun.

Und ob gleich alle Teufel
Hier wollten widerstehn,
So wird doch ohne Zweifel
Gott nicht zurücke gehn:
Was er sich vorgenommen
Und was er haben will,
Das muss doch endlich kommen
Zu seinem Zweck und Ziel.

Hoff, o du arme Seele,
Hoff und sei unverzagt,
Gott wird dich aus der Höhle.
Da dich der Kummer plagt,
Mit großen Gnaden rücken;
Erwarte nur der Zeit,
So wirst du schon erblicken
Die Sonn der schönsten Freud.

Auf, auf, gib deinem Schmerze
Und Sorgen gute Nacht!
Lass fahren, was dein Herze
Betrübt und traurig macht!
Bist du doch nicht Regente,
Der alles führen soll;
Gott sitzt im Regimente
Und führet alles wohl.

Ihn, ihn lass tun und walten,
Er ist ein weiser Fürst
Und wird sich so verhalten,
Dass du dich wundern wirst,
Wenn er, wie ihm gebühret,
Mit wunderbarem Rat
Das Werk hinausgeführet,
Das dich bekümmert hat.

Er wird zwar eine Weile
Mit seinem Trost verziehn
Und tun an seinem Teile,
Als hätt in seinem Sinn
Er deiner sich begeben,
Und solltst du für und für
In Angst und Nöten schweben,
Als frag er nichts nach dir.

Wird's aber sich befinden,
Daß du ihm treu verbleibst,
So wird er dich entbinden,
da du's am wen'gsten glaubst;
Er wird dein Herze lösen
Von der so schweren Last,
Die du zu keinem Bösen
Bisher getragen hast.

Wohl dir, du Kind der Treue,
Du hast und trägst davon
Mit Ruhm und Dankgeschreie
Den Sieg und Ehrenkron.
Gott gibt dir selbst die Palmen
In deine rechte Hand,
Und du singst Freudenpsalmen
Dem, der dein Leid gewandt.

*Mach En*d, o Herr, mach Ende
An aller unsrer Not!
Stärk unsre Füß und Hände
Und lass bis in den Tod
Uns allzeit deiner Pflege
Und Treu empfohlen sein,
So gehen unsre Wege
Gewiss zum Himmel ein.

> *Paul Gerhardt*
> *Nach Psalm 37,5*

Von Gott will ich nicht lassen

Von Gott will ich nicht lassen,
denn er lässt nicht von mir, führt mich durch alle Straßen,
da ich sonst irrte sehr. Er reicht mir seine Hand,
den Abend und den Morgen tut er mich wohl versorgen,
wo ich auch sei im Land, wo ich auch sei im Land.

Auf ihn will ich vertrauen in meiner schweren Zeit;
es kann mich nicht gereuen, er wendet alles Leid.
Ihm sei es heimgestellt; mein Leib, mein Seel, mein Leben
sei Gott dem Herrn ergeben,
er schaff's, wies ihm gefällt, er schaff's, wies ihm gefällt.

Darum, ob ich schon dulde hier Widerwärtigkeit,
wie ich auch wohl verschulde, kommt doch die Ewigkeit,
ist aller Freuden voll, die ohne alles Ende,
und, weil ich Christus kenne,
mir widerfahren soll, mir widerfahren soll.

Das ist des Vaters Wille, der uns geschaffen hat.
Sein Sohn hat Guts die Fülle erworben uns und Gnad.
Auch Gott der Heilig Geist im Glauben uns regieret,
zum Reich der Himmel führet.
Ihm sei Lob, Ehr und Preis! Ihm sei Lob, Ehr und Preis!

Ludwig Helmbold

Wach auf, mein Herz, die Nacht ist hin,
die Sonn ist aufgegangen.
Ermuntre deinen Geist und Sinn,
den Heiland zu umfangen,
der heute durch des Todes Tür
gebrochen aus dem Grab herfür
der ganzen Welt zur Wonne.

Steh aus dem Grab der Sünden auf,
und such ein neues Leben,
vollführe deinen Glaubenslauf,
und lass dein Herz sich heben
gen Himmel, da dein Jesus ist,
und such, was droben, als ein Christ,
der geistlich auferstanden.

Vergiss nun, was dahinten ist,
und tracht nach dem, was droben,
damit dein Herz zu jeder Frist
zu Jesus sei erhoben.
Tritt unter dich die böse Welt,
und strebe nach des Himmels Zelt,
wo Jesus ist zu finden.

Quält dich ein schwerer Sorgenstein,
dein Jesus wird ihn heben;
es kann ein Christ bei Kreuzespein
in Freud und Wonne leben.
Wirf dein Anliegen auf den Herrn,
und sorge nicht, er ist nicht fern,
weil er ist auferstanden.

Geh mit Maria Magdalen,
und Salome zum Grabe,
die früh dahin aus Liebe gehn
mit ihrer Salbungsgabe,
so wirst du sehn, dass Jesus Christ
vom Tod heut auferstanden ist
und nicht im Grab zu finden.

Es hat der Löw aus Judas Stamm
heut siegreich überwunden,
und das erwürgte Gotteslamm
hat uns zum Heil erfunden
das Leben und Gerechtigkeit,
weil er nach überstandnem Streit
den Feind zur Schau getragen.

Drum auf, mein Herz, fang an den Streit,
weil Jesus überwunden;
er wird auch überwinden weit
in dir, weil er gebunden
der Feinde Macht, dass du aufstehst
und in ein neues Leben gehst
und Gott im Glauben dienest.

Scheu weder Teufel, Welt, noch Tod,
noch gar der Hölle Rachen,
Dein Jesus lebt, es hat nicht Not,
er ist noch bei den Schwachen
und den Geringen in der Welt
als ein gekrönter Siegesheld;
drum wirst du überwinden.

Ach mein Herr Jesu, der du bist
von Toten auferstanden,
rett uns aus Satans Macht und List
und aus des Todes Banden,
dass wir zusammen insgemein
zum neuen Leben gehen ein,
das du uns hast erworben.

Sei hochgelobt in dieser Zeit
von allen Gotteskindern
und ewig in der Herrlichkeit
von allen Überwindern,
die überwunden durch dein Blut;
Herr Jesu, gib uns Kraft und Mut,
dass wir auch überwinden.

Lorenz Lorenzen

VIII.

Traueranzeigen gestalten

Bereits kurz nach dem Tod eines Menschen müssen sich die Angehörigen um wichtige Dinge kümmern. Dazu gehören in vielen Fällen auch das Gestalten einer Traueranzeige und der Entwurf eines Sterbebildes. Viele Zitate, die man für solche Anzeigen verwendet, entstammen dabei einem nichtchristlichen Kontext. Sie sind Gedichten oder Texten von manchmal auch nicht gläubigen Schriftstellern entnommen.

Die folgenden Sprüche und Zitate entstammen explizit der christlichen Tradition. Sie weisen auf das christliche Leben des Verstorbenen hin. Sie zeigen aber auch die größere Hoffnung an, die uns als Christen erfüllt. Sie spiegeln unseren Glauben an die Auferstehung der Toten wieder, unsere Hoffnung, dass wir im Tod in Gott eingehen und an seinem Leben Anteil erhalten.

Es ist schön, wenn der christliche Glaube eines Menschen auch nach seinem Tod zum Ausdruck kommt. Wer im Leben den Glauben an die Auferstehung von den Toten bekennt, dessen Hoffnung darf auch nach dem Tod noch einmal explizit zum Ausdruck kommen.

Aus der Bibel

Der Herr macht tot und lebendig,
er führt zum Totenreich hinab und führt auch herauf.
1 Samuel 2,6

Doch ich, ich weiß:
mein Erlöser lebt,
als letzter erhebt er sich über dem Staub.
Ijob 19,25

Die Seelen der Gerechten sind in Gottes Hand,
und keine Qual kann sie berühren.
Weisheit 3,1

Die Gerechten leben in Ewigkeit,
der Herr belohnt sie, der Höchste sorgt für sie.
Weisheit 5,15

Gott beseitigt den Tod für immer.
Gott, der Herr, wischt die Tränen ab von jedem Gesicht.
Jesaja 25,8

Fürchte dich nicht, denn ich bin mit dir;
hab keine Angst, denn ich bin dein Gott.
Jesaja 41,10

Sieh her:
Ich habe dich eingezeichnet in meine Hände
– Spruch des Herrn.
Jesaja 49,16

Ich hauche euch meinen Geist ein,
dann werdet ihr lebendig.
Ezechiel 37,14

Selig die Trauernden;
denn sie werden getröstet werden.
Matthäus 5,4

Kommt alle zu mir,
die ihr mühselig und beladen seid!
Ich will euch erquicken.
Matthäus 11,28

Er ist nicht hier;
denn er ist auferstanden, wie er gesagt hat.
Matthäus 28,6

Er ist kein Gott von Toten,
sondern von Lebenden.
Markus 12,27

Was sucht ihr den Lebenden bei den Toten?
Er ist nicht hier, sondern er ist auferstanden.
Lukas 24,6

Denn das ist der Wille meines Vaters,
dass jeder, der den Sohn sieht und an ihn glaubt,
das ewige Leben hat
und dass ich ihn auferwecke am Jüngsten Tag.
Johannes 6,40

Ich bin gekommen, damit sie das Leben haben
und es in Fülle haben.
Johannes 10,10

Ich bin die Auferstehung und das Leben.
Wer an mich glaubt, wird leben, auch wenn er stirbt,
und jeder, der lebt und an mich glaubt,
wird auf ewig nicht sterben.
Johannes 11,25f

Traueranzeigen gestalten

Wenn das Weizenkorn
nicht in die Erde fällt und stirbt,
bleibt es allein;
wenn es aber stirbt,
bringt es reiche Frucht.

Johannes 12,24

Ich bin der Weg und die Wahrheit und das Leben;
niemand kommt zum Vater außer durch mich.

Johannes 14,6

Gott aber hat Christus von den Wehen des Todes befreit
und auferweckt.

Apostelgeschichte 2,24

In Gott leben wir, bewegen wir uns und sind wir.

Apostelgeschichte 17,28

Sind wir nun mit Christus gestorben,
so glauben wir, dass wir auch mit ihm leben werden.

Römer 6,8

Leben wir, so leben wir dem Herrn,
sterben wir, so sterben wir dem Herrn.
Ob wir leben oder ob wir sterben, wir gehören dem Herrn.

Römer 14,8

Wenn unser irdisches Zelt abgebrochen wird,
dann haben wir eine Wohnung von Gott.

2 Korinther 5,1

Denn für mich ist Christus das Leben,
und Sterben Gewinn.

Philipper 1,21

Unsere Heimat ist im Himmel.
Philipper 3,20

Wenn Jesus gestorben und auferstanden ist,
dann wird Gott durch Jesus auch die Verstorbenen
zusammen mit ihm zur Herrlichkeit führen.
1 Thessalonicher 4,14

Selig die Toten, die im Herrn sterben.
Offenbarung 14,13

Er wird alle Tränen von ihren Augen abwischen:
Der Tod wird nicht mehr sein,
keine Trauer, keine Klage, keine Mühsal.
Offenbarung 21,4

Ich bin das Alpha und das Omega,
der Anfang und das Ende.
Offenbarung 21,6

Aus der Liturgie

Der Herr ist auferstanden, er ist wahrhaft auferstanden. Halleluja.
Sein ist die Macht und die Herrlichkeit in Ewigkeit. Halleluja.
Eröffnungsvers der Messe am Ostersonntag

Der Herr tue ihm (ihr) das Tor zum Paradies auf,
zur Heimkehr in das Land, wo kein Tod mehr ist,
in das Land der ewigen Freude.
Eröffnungsvers aus dem Offizium für Verstorbene

Herr, gib den Verstorbenen die ewige Ruhe,
lass sie wohnen in deinem Reich
und leuchten im Glanz deiner Herrlichkeit.
Eröffnungsvers aus dem Offizium für Verstorbene

Traueranzeigen gestalten

In Christus Jesus erstrahlt uns die Hoffnung,
dass wir zur Seligkeit auferstehn.
Denn deinen Gläubigen, o Herr,
wird das Leben gewandelt, nicht genommen.
Aus der Präfation für Verstorbene

Christus ist der eine,
der den Tod auf sich nahm für uns alle,
damit wir im Tode nicht untergehn.
Er ist der Eine,
der für uns alle gestorben ist,
damit wir bei Gott in Ewigkeit leben.
Aus der Präfation für Verstorbene

Christus ist das Heil der Welt,
das Leben der Menschen,
die Auferstehung der Toten.
Aus der Präfation für Verstorbene

Wir werden dich, unseren Gott, schauen,
wie du bist,
dir ähnlich sein auf ewig
und dein Lob singen ohne Ende.
Aus dem dritten Hochgebet

Wenn wir im Tode leiblich zerfallen,
sind wir im Geiste schon jenseits der Schwelle
ewiger Nacht.
Aus dem Offizium des Stundengebets für Verstorbene

Herr, deine Pläne bleiben uns dunkel. –
Doch singen Lob wir
dir, dem dreieinen,
ewigen Gott.
GL 656,4

Wir sind nur Gast auf Erden und wandern ohne Ruh
mit mancherlei Beschwerden der ewigen Heimat zu.

GL 505,1

Herr, gib ihnen die ewige Ruhe,
und das ewige Licht leuchte ihnen.

Eröffnungsvers aus dem Offizium für Verstorbene

Das ewige Licht leuchte ihnen, o Herr,
bei deinen Heiligen in Ewigkeit,
denn du bist gütig.

Aus dem Offizium für Verstorbene

Lass uns dich schaun im ewigen Advent

GL 552,1

Tief liegt des Todes Schatten auf der Welt.
Aber dein Glanz die Finsternis erhellt.
Dein Lebenshauch bewegt das Totenfeld.
Halleluja, Halleluja.

GL 552,2

Aus der Tradition

Du, o Herr, hast ihn (sie) uns geliehen, und er (sie) war unsere Freude.
Du, o Herr, hast ihn (sie) uns genommen, und wir geben ihn (sie) dir zurück
– ohne Murren – aber das Herz ist voller Wehmut.

Hieronymus

Aus dem Leben ist er zwar geschieden, aber nicht aus unserem Leben; denn
wie vermöchten wir, ihn tot zu wähnen, der so lebendig unserem Herzen in-
newohnt.

Aurelius Augustinus

Ihr aber, die ihr mich so geliebt habt, seht nicht auf das Leben, das ich beendet habe, sondern auf das, welches ich beginne.

Aurelius Augustinus

Der Tod ist die uns zugewandte Seite jenes Ganzen, dessen andere Seite Auferstehung heißt.

Romano Guardini

Der Tod ist für den gläubigen Christen ein Fallen in die Hände des lebendigen Gottes.

Karl Rahner

Unruhig ist unser Herz, bis es ruht in dir, o Gott.

Aurelius Augustinus

Von guten Mächten wunderbar geborgen, erwarten wir getrost, was kommen mag. Gott ist mit uns am Abend und am Morgen, und ganz gewiss an jedem neuen Tag.

Dietrich Bonhoeffer

Die Zeit, Gott zu suchen, ist dieses Leben.
Die Zeit, ihn zu finden, ist der Tod.
Die Zeit, ihn zu besitzen, ist die Ewigkeit.

Franz von Sales

Übersicht zu den Autoren in den Abschnitten III und IV

Amichai, Jehuda: 1924–2000, deutsch-israelischer Lyriker
Apostolische Väter: Christliche Autoren aus dem 1. Jahrhundert n. Chr.
Augustinus, Aurelius: 354–430, Bischof von Hippo, Kirchenlehrer
Bernhardt, Thomas: 1931–1989, österreichischer Schriftsteller
Bonhoeffer, Dietrich: 1906–1945, lutherischer Theologe
Domin, Hilde: 1909–2006, deutsche Schriftstellerin und Lyrikerin
Franziskus von Assisi: 1181/82–1226, Ordensgründer
Gibran, Khalil: 1883–1931, libanesisch-amerikanischer Philosoph
Goethe, Johann Wolfgang von: 1749–1832, deutscher Schriftsteller und Dichter
Hebbel, Friedrich: 1813–1863, deutscher Dramatiker und Lyriker
Hesse, Hermann: 1877–1962, deutsch-schweizerischer Schriftsteller
Hieronymus: 347–420, Kirchenvater
Hildegard von Bingen: 1098–1179, Äbtissin, Dichterin, Komponistin
Irenäus von Lyon: Um 135–um 200, Kirchenvater
Kähler, Martin: 1835–1912, deutscher protestantischer Theologe
Klepper, Jochen: 1903–1942, Theologe und Journalist
Laktanz: Um 250–um 320, Kirchenvater
Leo der Große: Um 400–461, Bischof von Rom
Luther, Martin: 1483–1546, Reformator
Mayer, Rupert: 1876–1945, Jesuitenpater
Mechthild von Magdeburg: Um 1207–1282, christliche Mystikerin
Meister Eckhart: Um 1260–1328, Theologe und Philosoph
Neumann, Peter Horst: 1936–2009, deutscher Lyriker und Essayist
Newman, John Henry: 1801–1890, Kardinal
Oosterhuis, Huub: * 1933, niederländischer Theologe und Dichter
Paul, Jean: 1763–1825, deutscher Schriftsteller
Rilke, Rainer Maria: 1875–1926, Lyriker
Rodigast, Samuel: 1649–1708, deutscher Dichter
Rosenzweig, Franz: 1886–1929, jüdischer Philosoph
Rückert, Friedrich: 1788–1866, deutscher Dichter
Sachs, Nelly: 1891–1970, jüdische deutsch-schwedische Schriftstellerin
Stein, Edith: 1891–1942, deutsche Philosophin jüdischer Herkunft
Tertullian: Nach 150–nach 220, frühchristlicher Schriftsteller

Quellen

Amichai, Jehuda, Ich bin ein Gast, aus: Ders., Wie schön sind deine Zelte, Jakob. Ge-
dichte, © der deutschen Übersetzung: 1988 Pendo Verlag in der Piper Verlag
GmbH, München/Zürich, © des Originaltextes: Hana Amichai
Assisi, Franziskus von, Gelobt seist du
Berger-Zell, Carmen, Ich kann nicht, aus: Dies./Detlev Prößdorf (Hg.), Ich will euch
trösten. Wege durch die Trauer, © bei der Herausgeberin
Bernhardt, Thomas, Aus dem Zyklus Neun Psalmen, Textauszug aus: Ders., Werke in
22 Bänden. Herausgegeben von Volker Michels. Band 21: Gedichte. © Suhrkamp
Verlag Frankfurt am Main 2015. Alle Rechte bei und vorbehalten durch Suhrkamp
Verlag Berlin.
Bingen, Hildegard von, Gedanken der heiligen Hildegard von Bingen über das Sterben
Bonhoeffer, Dietrich, Gott, zu dir rufe ich
Bonhoeffer, Dietrich, Ein kostbares Geschenk
Bonhoeffer, Dietrich, Von guten Mächten wunderbar geborgen
Cardenal, Ernesto, Wir sind wie Zugvögel, aus: Ders., Das Buch von der Liebe, © Peter
Hammer Verlag, Wuppertal 1971, Neuausgabe 2004
Die deutschen Bischöfe, Trösten als christliche Aufgabe, aus: Dies., Tote begraben und
Trauernde trösten. Bestattungskultur im Wandel aus katholischer Sicht, 3. aktuali-
sierte Auflage 2017, Arbeitshilfen Nr. 81, S. 34f., © Die deutschen Bischöfe
Drewitz, Ingeborg, Ostern, aus: Dies., Samtvorhänge. Erzählungen – Szenen – Berich-
te, © Jutta Hoppe
Domin, Hilde, Lieder zur Ermutigung I („Unsere Kissen sind naß"), aus: Dies., Sämt-
liche Gedichte, © S. Fischer Verlag GmbH, Frankfurt am Main 2009
Domin, Hilde, Die schwersten Wege, aus: Dies., Sämtliche Gedichte, © S. Fischer Ver-
lag GmbH Frankfurt am Main 2009
Eber, Paul, Wenn wir in höchsten Nöten sein
Engelsberger, Gerhard, Tod, aus: Ders., Kleines Spirituale für Menschen in geistlichen
Berufen, © beim Autor
Engelsberger, Gerhard, Der Umgang mit dem Tod, aus: Ders., Von Achtsamkeit bis Zu-
versicht. 200 Gebete für den Gottesdienst, © beim Autor
Fried, Erich, Vorübungen für ein Wunder, aus: Ders., Liebesgedichte, © 1979, 1995,
2007 Klaus Wagenbach Verlag, Berlin
Gerhardt, Paul, Befiehl du deine Wege
Gibran, Khalil, Freude und Trauer
Goes, Albrecht, Österlicher Friedhof, aus: Ders., Gedichte, © S. Fischer Verlag GmbH,
Frankfurt am Main 2008
Goethe, Johann Wolfgang von, Der Tod
Gottschick, Anna Martina, GL 552,1-2, aus: Herr, mach uns stark im Mut, 1. und 2.
Strophe, Text: Dies., © Carus-Verlag, Stuttgart

Grün, Anselm, Abschied tut weh, aus: Ders., Gehalten in Zeiten der Trauer, © Verlag Herder GmbH, Freiburg im Breisgau 2016

Grün, Anselm, Allein, aus: Ders., Gehalten in Zeiten der Trauer, © Verlag Herder GmbH, Freiburg im Breisgau 2016

Grün, Anselm, Zur Trauer stehen, aus: Ders., Gehalten in Zeiten der Trauer, © Verlag Herder GmbH, Freiburg im Breisgau 2016

Grün, Anselm, Trauer bei Suizid, aus: Ders., Trauern heißt lieben, © Verlag Herder GmbH, Freiburg im Breisgau 2015

Grün, Anselm, Rituale beim Tod eines Kindes, aus: Ders., Trauern heißt lieben, © Verlag Herder GmbH, Freiburg im Breisgau 2015

Grün, Anselm, Segensgebete für Trauernde, aus: Ders., Trauern heißt lieben, © Verlag Herder GmbH, Freiburg im Breisgau 2015

Grün, Anselm, Wenn niemand mehr stirbt, aus der Wochenzeitschrift CHRIST IN DER GEGENWART (Nr. 45/2013, Freiburg im Breisgau, www.christ-in-der-gegenwart.de), © beim Autor

Grün, Anselm, Wie soll ich dich trösten?, aus: Ders., Du wirst getröstet. Für Trauernde, © Kreuz Verlag in der Verlag Herder GmbH, Freiburg im Breisgau 2014

Guardini, Romano, Der Tod

Gutl, Martin, Wenn du mich rufst, aus: Ders., Nachdenken mit Martin Gutl. Texte, Meditationen, Gebete, © Maria Gutl

Hebbel, Friedrich, Sommerbild

Haak, Rainer, 10 Schritte in Tagen der Trauer, aus: Ders., In Tagen der Trauer, © Verlag Herder GmbH, Freiburg im Breisgau 2015

Helmbold, Ludwig, Von Gott will ich nicht lassen

Hesse, Hermann, Auf den Tod eines kleinen Kindes, aus: Ders., Sämtliche Werke in 20 Bänden. Herausgegeben von Volker Michels. Band 10: Die Gedichte, © Suhrkamp Verlag Frankfurt am Main 2002. Alle Rechte bei und vorbehalten durch Suhrkamp Verlag Berlin.

Kachler, Roland, Lassen Sie Ihre Trauer zu, aus: Ders., Meine Trauer wird dich finden, © Verlag Herder GmbH, Freiburg im Breisgau 2017

Kachler, Roland, Im Grab beerdigt – und doch gegenwärtig, aus: Ders., Meine Trauer wird dich finden, © Verlag Herder GmbH, Freiburg im Breisgau 2017

Kachler, Roland, Wie soll ich dich überleben?, aus: Ders., Was bei Trauer gut tut, © Kreuz Verlag in der Verlag Herder GmbH, Freiburg im Breisgau 2011

Karsch, Ilse, Mein Kind, aus: Quelle unbekannt, © bei der Autorin

Kaschnitz, Marie Luise, Diese drei Tage, aus: Dies., Gesammelte Werke in sieben Bänden, Band 5: Die Gedichte, © Insel Verlag Frankfurt am Main 1985. Alle Rechte bei und vorbehalten durch Insel Verlag Berlin.

Kaschnitz, Marie Luise, Ein Leben nach dem Tode, aus: Dies., Gesammelte Werke in sieben Bänden, Band 5: Die Gedichte, © Insel Verlag Frankfurt am Main 1985. Alle Rechte bei und vorbehalten durch Insel Verlag Berlin.

Kähler, Martin, Sieh nicht in das Grab

Kierkegaard, Sören, Herr, beruhige du

Klepper, Jochen, Nun sich das Herz von allem löste

Koffler, Joachim, Trostlos?, aus: Wovon das Herz voll ist. Predigten durch das Jahr, ©
Verlag Herder GmbH, Freiburg im Breisgau 2014
Kuhn, Detlef/Kuhn, Jürgen, Du weinst, aus: Dies., Trostworte, © Verlag Herder GmbH,
Freiburg im Breisgau 2012
Kuhn, Detlef/Kuhn, Jürgen, Ich habe alles mitbekommen, aus: Dies., Trostworte, ©
Verlag Herder GmbH, Freiburg im Breisgau 2012
Kuhn, Detlef/Kuhn, Jürgen, Herr, nichts geschieht, aus: Dies., Trostworte, © Verlag
Herder GmbH, Freiburg im Breisgau 2012
Lorenzen, Lorenz, Wach auf, mein Herz
Luther, Martin, Mitten wir im Leben sind
Luther, Martin, Hier fängt die enge Pforte an
Luther, Martin, Wir müssen uns vormalen lassen
Magdeburg, Mechthild von, Gedanken der heiligen Mechthild von Magdeburg über das
Sterben
Marti, Kurt, Ihr fragt mich wie ist die Auferstehung der Toten?, aus: Leichenreden, ©
1996, 2001 Nagel & Kimche Verlag AG, Zürich
März, Claus-Peter, Wir lassen dich der Erde, aus: Ders./Kurt Grahl, Ein Wort erklingt
als Lied, © Strube Verlag, München 2006
Mayer, Pater Rupert, Herr, wie du willst
Meister Eckhart, Aus einer Predigt des Meister Eckhart über den Tod
Naegeli, Antje Sabine, Die Dunkelheit teilen, aus: Dies., Du hast mein Dunkel geteilt,
© Verlag Herder GmbH, Freiburg im Breisgau 2014
Naegeli, Antje Sabine, Wenn die Schatten wachsen, aus: Dies., Du hast mein Dunkel
geteilt, © Verlag Herder GmbH, Freiburg im Breisgau 2014
Naegeli, Antje Sabine, Mutlosigkeit überdauern, aus: Dies., Umarme mich, damit ich
weitergehen kann, © Verlag Herder GmbH, Freiburg im Breisgau 2010
Naegeli, Antje Sabine, Zweifel aussprechen, aus: Dies., Umarme mich, damit ich wei-
tergehen kann, © Verlag Herder GmbH, Freiburg im Breisgau 2010
Naegeli, Antje Sabine, Gegen das Leid anglauben, aus: Dies., Umarme mich, damit ich
weitergehen kann, © Verlag Herder GmbH, Freiburg im Breisgau 2010
Naegeli, Antje Sabine, Ich weine vor Dir, aus: Dies., Die Nacht ist voller Sterne, © Ver-
lag Herder GmbH, Freiburg im Breisgau 2013
Naegeli, Antje Sabine, Ohne Worte verstehst Du mich, aus: Dies., Die Nacht ist voller
Sterne, © Verlag Herder GmbH, Freiburg im Breisgau 2013
Naegeli, Antje Sabine, Zum Loslassen reifen, aus: Dies., Die Nacht ist voller Sterne, ©
Verlag Herder GmbH, Freiburg im Breisgau 2013
Neumann, Peter Horst, Ich lese Traueranzeigen, aus: Ders., Pfingsten in Babylon. Ge-
dichte, © Rimbaud Verlag, München
Newman, John Henry, Bitte um Beistand
Oosterhuis, Huub, Erbarm dich, aus: Ders., Das Huub Oosterhuis Gottesdienstbuch,
© Verlag Herder GmbH, Freiburg im Breisgau 2013
Oosterhuis, Huub, Bleiben wird die Liebe von Gott, aus: Ders., Das Huub Oosterhuis
Gottesdienstbuch, © Verlag Herder GmbH, Freiburg im Breisgau 2013
Paul, Jean, Zum Engel der letzten Stunde

Rahner, Karl, Der Tod

Rilke, Rainer Maria, Todes-Erfahrung

Rilke, Rainer Maria, Requiem

Rodigast, Samuel, Was Gott tut, das ist wohlgetan

Rosenzweig, Franz, Meine liebe kleine Schwester

Rotzetter, Anton, Ich strecke Dir jeden Tod entgegen, aus: Ders., Adrian Holderegger (Hg.), Du unser Leben, © Verlag Herder GmbH, Freiburg im Breisgau 2017

Rotzetter, Anton, Dich erfahren mitten in der Geschichte, aus: Ders., Adrian Holderegger (Hg.), Du unser Leben, © Verlag Herder GmbH, Freiburg im Breisgau 2017

Rückert, Friedrich, Nun will die Sonn' so hell aufgehn

Rückert, Friedrich, Unglaublich wie erträgt ein Herz

Rückert, Friedrich, Über alle Gräber wächst

Sachs, Nelly, Textauszug aus: Chor der Geretteten, in: Dies., Werke. Kommentierte Ausgabe in vier Bänden. Herausgegeben von Aris Fioretos, Band 1: Gedichte 1940-1950. Herausgegeben von Matthias Weichelt, © Suhrkamp Verlag Berlin 2010

Sales, Franz von, Die Zeit

Salzbrenner, Renate, Zu deinem Gedenken, aus: Dies., Auf einem Regenbogen, Selbstverlag 1995, © bei der Autorin

Salzbrenner, Renate, Nur geborgt, aus: Dies., Auf einem Regenbogen, Selbstverlag 1995, © bei der Autorin

Schwartz, Dr. Wolfgang, Totengebet – Buch des Lebens, aus: Ders., Das gemeinsame Gebet für die Verstorbenen, © Verlag Herder GmbH, Freiburg im Breisgau 2006

Schwarz, Andrea, solidarität des kreuzes, aus: Dies., Eigentlich ist Ostern ganz anders, © Verlag Herder GmbH, Freiburg im Breisgau 2018

Schwarz, Andrea, Ostern, aus: Dies., Eigentlich ist Ostern ganz anders, © Verlag Herder GmbH, Freiburg im Breisgau 2018

Schwarz, Andrea, In seine Arme genommen, aus: Dies., Eigentlich ist Ostern ganz anders, © Verlag Herder GmbH, Freiburg im Breisgau 2018

Schwikart, Georg, Fürchte dich nicht, aus: Ders., Schließ auf das Land, das keine Grenzen kennt, © beim Autor

Schwikart, Georg, Vertrauen trotz Misstrauen, aus: Ders., Schließ auf das Land, das keine Grenzen kennt, © beim Autor

Stein, Edith, Ohne Vorbehalt und ohne Sorgen, aus: Quelle unbekannt

Stein, Edith, Ostermorgen, aus: Dies., Edith Stein Gesamtausgabe (ESGA), Band 20, Geistliche Texte II, © Verlag Herder GmbH, Freiburg im Breisgau 2007

Stutz, Pierre, Der Tod begegnet dir ganz nah, aus: Ders., Die Kraft deiner Tränen, © Verlag Herder GmbH, Freiburg im Breisgau 2017

Stutz, Pierre, Der Tod trifft dich, aus: Ders., Die Kraft deiner Tränen, © Verlag Herder GmbH, Freiburg im Breisgau 2017

Stutz, Pierre, Sich auflehnen, aus: Ders., Die Kraft deiner Tränen, © Verlag Herder GmbH, Freiburg im Breisgau 2017

Thurmair, Georg, GL 505,1, Wir sind nur Gast auf Erden, © Florian Thurmair

Trossero, René Juan, Hoffnungslicht, aus: Ders., Stärker als Trauer ist die Liebe, © der deutschen Ausgabe: Verlag Herder GmbH, Freiburg im Breisgau 2003, © des Originaltextes: Editorial Bonum, Buenos Aires, Argentinien

Uehlein, Polykarp, GL 656,4, Abtei Münsterschwarzach © Vier-Türme GmbH, Verlag, Münsterschwarzach

Wendler, Detlef, Der Verlust tut weh, aus: Ders., In deiner Trauer bist du stark, © Verlag Herder GmbH, Freiburg im Breisgau 2015

Zenetti, Lothar, Hoffnung, aus: Ders., Auf seiner Spur. Texte gläubiger Zuversicht, © Matthias Grünewald Verlag der Schwabenverlag AG, Ostfildern, 2011, www.verlagsgruppe-patmos.de

Zink, Jörg, Die Brücke der Trauer, aus: Ders., Trauer hat heilende Kraft, © Kreuz Verlag in der Verlag Herder GmbH, Freiburg im Breisgau 2014

Für die liturgischen Texte:
© 2017 Ständige Kommission „Gemeinsame Liturgische Bücher", www.staeko.net

S. 182:
Messbuch 1988, 110 © 2018 staeko.net
Messbuch 1988, 1171 © 2018 staeko.net
Messbuch 1988, 1174 © 2018 staeko.net

S. 183:
Messbuch 1988, 452-453 © 2018 staeko.net
Messbuch 1988, 454-455 © 2018 staeko.net
Messbuch 1988, 456-457 © 2018 staeko.net
Messbuch 1988, 499 © 2018 staeko.net
Stundenbuch 2006, 623 © 2018 staeko.net

S. 184:
Messbuch 1988, 1159 © 2018 staeko.net
Messbuch 1988, 1160 © 2018 staeko.net

Die ständige Kommission für die Herausgabe der gemeinsamen liturgischen Bücher im deutschen Sprachgebiet erteilte für die aus diesen Büchern entnommenen Texte die Abdruckerlaubnis. Die darin enthaltenen biblischen Texte sind Bestandteile der von den Bischofskonferenzen approbierten revidierten Einheitsübersetzung der Heiligen Schrift (2016).

Die Bibeltexte sind entnommen aus:
Einheitsübersetzung der Heiligen Schrift, vollständig durchgesehene und überarbeitete Ausgabe
© 2016 Katholische Bibelanstalt GmbH, Stuttgart
Alle Rechte vorbehalten.

Die Texte der Kirchenväter sind entnommen aus:

Hieronymus: Aszetische Briefe: Trostbriefe. An Paula, zu Blessilas Tod, aus: Des heiligen Kirchenvaters Eusebius Hieronymus ausgewählte Briefe. (Des heiligen Kirchenvaters Eusebius Hieronymus ausgewählte Schriften Bd. 2–3; Bibliothek der Kirchenväter, 2. Reihe, Band 16 und 18) Kempten; München: J. Kösel: F. Pustet, 1936–1937.

Aurelius Augustinus: Bekenntnisse (Confessiones). Viertes Buch. Sein Schmerz über des Freundes Tod, in: Augustinus, Des heiligen Kirchenvaters Aurelius Augustinus Bekenntnisse. Aus dem Lateinischen übersetzt von Dr. Alfred Hofmann. (Bibliothek der Kirchenväter, 1. Reihe, Band 18; Augustinus Band VII), München 1914.

Apostolische Väter: Erster Brief des Klemens an die Korinther. 24. Kapitel. Gleichnisse in der Natur als Beweis für die Auferstehung, in: Die Apostolischen Väter. Aus dem Griechischen übersetzt von Franz Zeller. (Bibliothek der Kirchenväter, 1. Reihe, Band 35), München 1918.

Irenäus von Lyon: Gegen die Häresien (Contra Haereses). Fünftes Buch. Siebtes Kapitel. Die Auferstehung Christi ist ein Vorbild unserer eigenen, in: Des heiligen Irenäus fünf Bücher gegen die Häresien. Aus dem Griechischen übersetzt von E. Klebba. (Bibliothek der Kirchenväter, 1. Reihe, Band 3), München 1912.

Laktanz: Auszug aus den göttlichen Unterweisungen. 46. Das Geheimnis des Kreuzes, in: Des Lucius Caelius Firmianus Lactantius Schriften. Aus dem Lateinischen übersetzt von Aloys Hartl. (Bibliothek der Kirchenväter, 1. Reihe, Band 36), München 1919.

Leo der Große: Sämtliche Sermonen. Sermo LXXI–LXXII: Zwei Predigten über die Auferstehung des Herrn. Sermo LXXI. 1. Predigt über die Auferstehung des Herrn, in: Leo der Große, Sämtliche Sermonen. Aus dem Lateinischen übersetzt und mit Einleitung und Inhaltsangaben versehen von Dr. Theodor Steeger. (Bibliothek der Kirchenväter, 1. Reihe, Band 54–55), München 1927.

Tertullian: Über die Geduld (De patientia). Der Schmerz über den Verlust der Angehörigen wird bei den Christen durch die Geduld gelindert und erträglich gemacht, in: Tertullian, private und katechetische Schriften. Aus dem Lateinischen übersetzt von Dr. K. A. Heinrich Kellner. (Bibliothek der Kirchenväter, 1. Reihe, Band 7), München 1912.

Anmerkung des Verlages:
Wir danken den Verlagen und Rechteinhabern für die Erteilung der Abdruckgenehmigungen. Trotz gründlicher Recherchen war es nicht in allen Fällen möglich, die genaue Quelle ausfindig zu machen. Honoraransprüche bleiben bestehen.